블록체인 부 혁명

KB066415

블록체인 부 혁명

초판 1쇄 2024년 08월 22일

지은이 오진현 | **펴낸이** 송영화 | **펴낸곳** 굿웰스북스 | **총괄** 임종익

등록 제 2020-000123호 | **주소** 서울시 마포구 양화로 133 서교타워 711호

전화 02) 322-7803 | **팩스** 02) 6007-1845 | **이메일** gwbooks@hanmail.net

ⓒ 오진현, 굿웰스북스 2024, *Printed in Korea*.

ISBN 979-11-7099-035-2 03320 | 값 **19,500원**

※ 파본은 본사나 구입하신 서점에서 교환해드립니다.

※ 이 책에 실린 모든 콘텐츠는 굿웰스북스가 저작권자와의 계약에 따라 발행한 것이므로 인용하시거나 참고하
   실 경우 반드시 본사의 허락을 받으셔야 합니다.

※ **굿웰스북스**는 당신의 풍요로운 미래를 지향합니다.

BLOCK CHAIN

블록체인 부 혁명

블록체인과 암호화폐의 이해부터 미래 전망까지

오진현 지음

굿웰스북스

REVOLUTION

프롤로그 ————————————————————————

미래를 지배할 것인가, 미래에 지배당할 것인가?

    세상은 끊임없이 변하고 있으며, 그 중심에는 기술 혁신이 있다. 나는 3년 전 출간한 『블록체인이 미래를 바꾼다』라는 책에서 비트코인이 법정화폐가 되리라고 주장했는데, 이는 엘살바도르에서 현실화되었다. 이로써 비트코인의 잠재력과 중요성은 입증되었다. 나는 "비트코인이 100억 원에 이를 것"이라고도 주장했는데, 이는 많은 이들에게 황당하게 들렸겠지만, 이제는 진지하게 그 가능성을 논하는 전문가들이 늘고 있다. 이 두 가지 주장은 필자가 세계 최초로 저서에서 제시했던 것이다.

    기술의 변화는 예측하기 어려울 정도로 빠르고, 최근 챗GPT의 출현은 우리가 상상했던 미래가 이미 도래했음을 보여준다. 세계는 새로운 기술과 함께 새로운 국면으로 접어들고 있다. 그리고 암호화폐도 그 새로운 세계의 주역으로 한 몫을 차지하고 있다. 암호화폐는 이제 단순한 투자 수단을 넘어 디지털 시대에 걸맞는 새로운 자산이 될 것이다. 이런 변화의 물결 속에서 블록체인과 암호화폐가 어떤 역할을 할 수 있을지 탐구하기 위해 첫 책을 출간한 지 3년 만에 두 번째 책을 집필하게 되었다.

이 책은 두 개의 주요 파트로 나뉘어 있다. 1부는 『블록체인이 미래를 바꾼다』에서 다룬 기존의 내용으로, 필자의 경험담과 주장, 암호화폐의 기본 속성, 시장 동향 등 필자의 판단과 분석이 포함되어 있으며, 3년이 지난 현새의 상황을 반영하여 '미래를 내다보는 한마디'를 일부 추가해두었다. 또한 1부에서 주로 사용했던 어휘 '가상화폐'는 독자의 혼선을 막기 위해 '암호화폐'로 통일하였다.

2부는 독자들의 실질적인 이해를 높일 수 있도록 블록체인과 암호화폐의 개념 이해를 위한 기초 지식과 2021년 5월 출간 이후의 새로운 변화 등의 내용을 다루고 있다. 새로운 기술 동향, 비트코인과 암호화폐의 미래에 대한 새로운 전망, 암호화폐 거래소, 중앙은행 디지털 화폐(CBDC), 스테이블코인, 증권형 토큰 공개(STO) 등 다양한 주제에 관한 설명을 포함하고 있고, 블록체인 기술의 응용 사례와 최신 트렌드를 담아 구성했다. 기존 저서 『블록체인이 미래를 바꾼다』에서 부족했던 것이 구체적인 설명과 근거였기 때문에 신경 쓴 부분이다.

암호화폐는 단순한 투자 수단을 넘어, 탈중앙화 금융(DeFi), 대체 불가능 토큰(NFT), 스마트 계약 등 다양한 분야에서 혁신을 이끌고 있다. 이는 단순히 이론에 머물지 않고 실생활에서 체감할 수 있는 실질적인 혜택으로 나타나고 있다. 암호화폐를 통해 은행 계좌가 없는 사람들도 금융 서비스에 접근할 수 있고, 중앙화된 질서를 벗어나 개인이 화폐와 거래의 주도권을 줄 수 있다. 또한 NFT는 디지털 예술을 가능케 하고 자산의 소유 권에 대한 인식을 획기적으로 변화시키고 있다. 이런 변화가 전통적인 금융 시스템과 경제 구조를 새롭게 재편하고 있다. 암호화폐는 글로벌 화폐 개혁의 중심에 서 있다. 이는 사회 전반에 걸친 변화를 일으키고 있다.

이 책은 단순한 지식 전달을 넘어, 독자들이 블록체인과 암호화폐의 세계에서 미래의 부를 창출하는 데 필요한 첫걸음을 뗄 수 있도록 도와줄 것이다. 새로운 기술의 시대와 경제 패러다임의 변화 속에서, 우리는 두려움과 함께 새로운 기회를 맞이하고 있다. 이 흥미로운 여정에 여러분을 초대한다.

블록체인의 기초부터 미래 전망까지 한 권으로 마스터할 수 있는 종합 안내서를 통해 독자들이 블록체인 혁명에 동참하여 새로운 부의 기회를 잡기 바란다.

2024년 8월 늦여름,
블록체인 문턱에서 오진현

CONTENTS

제2부 암호화폐의 신세계로 뛰어들어라

1부

블록체인이
미래를 바꾼다

BLOCK CHAIN

제1장

블록체인이
내 인생에 불러온
혁명!

REVOLUTION

01

운명처럼 블록체인을 만나다

♠ 부자가 된 것은 우연이 아닌 운명이었다

사람들은 '우연히'라는 말을 자주 한다. '우연히 부자가 되었다. 우연히 만났다. 우연히 행운이 왔다. 우연히 사고가 났다. 우연히 사랑에 빠졌다.' 과연 우연이었을까?

요즘 전 세계적으로 가장 뜨거운 뉴스 중 하나는 비트코인이다. 지난해 3월 500만 원 남짓하던 비트코인 가격이 2021년 4월 8,000만 원을 돌파했다. 연일 뉴스란이 뜨겁다. 몇 년 사이에 내 주변 지인 중에 수백억, 수천억 재산가가 탄생했다. 사실이다. 실감이 나지 않는다.

비트코인으로 부자가 된 사람들도 우연히 투자를 해서 행운으로 부자가 된 것일까?

우연은 없다.

필연적으로 일어날 일이 일어난 것이다. 생각해보라. 절대 우연이 아니다. 일어날 일을 알지 못할 뿐이다. 그래서 우연이라 생각하는 것이다. 관심 갖고 되짚어보면 우연이 아니다. 운명적으로, 필연적으로 일어날 수밖에 없는 조건들이 앞서 일어났다. 그 일이 일어났고 우연처럼 느낄 뿐이다.

나는 참 행복하다. 운명처럼 블록체인을 만나 부자가 되었기 때문이다. 내가 우연히 블록체인을 만나 부자가 된 것 같지만 우연이 아닌 운명이었다. 이 책을 보고 있다면 당신도 이미 경제 부자, 마음 부자가 될 운명의 길에 들어섰다.

▲ 기회는 누더기를 걸치고 온다

2015년 초 이전에 함께 일했던 지인 S가 전화를 했다. 비트코인 투자 사업을 시작했는데 함께 해보자는 것이었다. 비트코인은 1년 전에 지인 K가 이미 언급해서 이름 정도는 알고 있었지만, 정확히 그것이 무엇인지 알지는 못했다. 그러던 차에 지인 S가 비트코인 사업을 해보자며 연락했다. 당시 지인 S도, 나도 경제적으로 매우 어려운 상황이었다. 뭐든 할 일을 찾아서 해야 하는 상황이었다. 나는 당시 소규모 회사에서 판매를 담당하고 있었고, 지인 S는 비트코인 사업을 시작했다. 당시 나는 그 지인에게 말했다.

"아니, 그 많은 일 중에 왜 하필이면 그런 불법적인 사업을 해요?"

그 후에도 지인 S는 문자로 비트코인 사업이 잘된다며 좋은 사업이니 같이 하자며 계속 문자를 보냈다. 그때마다 관심이 없는 분야라며 무시했다.

어느 날 지인 S가 서울에 있는 모 대학 강당을 빌려 비트코인 사업 설명회를 하니 오라고 했다. 1년 6개월 동안 16억을 벌었다고 했다. 수입 내역까지 캡처해서 보내줬다. 바쁘다는 핑계로 그날 설명회에는 가지 못했다. 사실 좀 바쁘기도 했다. 소득 없는 바쁨이었다. 그렇게 또 시간이 흘러갔다.

어느 날 또 다른 지인이 좋은 사업을 소개받았다고 해서 무슨 사업이냐고 물어보았는데 만나서 얘기하겠다며 알려주지 않았다. 대단한 사업인가 보다 생각하고 약속 장소로 갔다. 들어보니 다름 아닌 비트코인 사업이었다.

"또 비트코인 사업이라고?"

'진작 말했더라면 애초에 만나러 오지도 않았을 텐데!' 어이가 없었다. 몇 년 사이 비트코인 사업을 너무 많이 소개받았기 때문이다. 나는 지인 S가 생각나 물었다.

"혹시 S를 아십니까?"

그는 "아주 잘 알지요."라며 그는 큰 성공자라고 했다. 지금 생각하니 그런 만남들이 모두 운명을 만들어가는 과정이었다. 조금 돌아오기는 했지만 내가 원하는 것을 이루고 가졌기 때문이다.

　그때부터 비트코인에 뭔가 있다는 생각이 들기 시작했다. 방관만 하고 있을 수가 없었다. 비트코인은 당시 30만 원 정도 하던 때였다. 지금 비트코인 가격은 8,000만 원을 돌파했다. 당시 가격 대비 250배가 넘는 가격이다. 당시 1억 원을 투자했다면 지금 250억 원이 훌쩍 넘어 있는 상황이 된다. 지금 생각하면 어이가 없고 좀 허탈하다. 그때 비트코인을 사두기만 했어도 대박이 났을 텐데. 그렇게 비트코인을 알게 되었고 사람들이 왜 비트코인에 관심을 가지는지 궁금해지기 시작했다. 비트코인을 들여다보기 시작했다.

　유튜브 방송에서 비트코인 관련 정보를 모두 찾아봤다. 블록체인이라는 기술이 접목된 것이 비트코인임을 그때 알았다. 알면 병이 된다고 했던가? 알고는 그냥 있을 수가 없었다. 회사를 그만두었다. 블록체인이 만들어갈 미래를 준비해야 했다. 블록체인이 가장 먼저 접목된 것이 비트코인이라고 했지만 아직은 생태계 조성이 완전하지 않았기에 생태계 조성이 잘된 코인이 어딘가에 있을 것이란 생각을 했다. 아직 많이 상승하지 않은 코인이 지구상 어딘가에 생태계를 만들며 움트고 있을 것이라는 생각을 했다.

　남의 떡이 커 보인다. 처음 비트코인을 만나고 진짜임에도 더 진짜를 찾겠다는 욕심을 가졌다. 비트코인보다 나은 암호화폐를 찾기 위해 해외 탐방이 시작되었다. 지금 생각하면 어이가 없고 황당하고 아쉬움이 많이 남는 해외 탐방이었다. 결국, 돌아 돌아 비트코인으로 되돌아왔다. 운명처럼 이렇게 비트코인을 만나고 블록체인을 만나서 경제 부자, 마음 부자가 되었다. 욕심 많은 과정은 어설펐지만 이렇게 멋진 오늘을 만들어냈다. 나는 웃고 있다. 늦었다고 생각하는가? 지금이 가장 이른 때다. 기회를 만나면 가슴이 뛴다. 가슴이 뛰는가? 뛴다면 기회다. 잡아라.

기회는 누더기를 걸치고 온다. 때로는 거지의 모습으로, 때로는 사기꾼의 모습으로, 여러 형태로 변장을 하고 온다. 기회를 주는 정보는 자신을 알아주는 사람한테 간다. 눈에 잘 보이는 것은 이미 정보가 아니다. 운명 같은 정보는 한 번 왔다가 쉬 지나가지 않는다. 반복해서 온다. 운명을 바꿀 기회는 쉽게 오지도 않지만 쉽게 흘러가지도 않는다. 기회는 계속 잡아달라고 알짱거리고 애원한다. 거들먹거리지도 않는다. 낮은 자세로 온다. 나는 기회를 잡았다. 그리고 부자가 되었다.

02

비트코인 찾아 떠난 해외 탐방

♠ 진짜와 가짜의 구별

종종 진품보다 위조품이 더 진짜 같다. 진품은 진짜이므로 따로 치장할 필요가 없다. 그러나 위조품은 누군가 속일 목적으로 진짜처럼 보이게 만든 물품이다. 진품처럼 보이게 하려고 온갖 치장을 한다. 얼핏 보면 위조품이 진품보다 좋아 보인다. 가짜가 진짜보다 더 빛난다.

비트코인보다 나은 코인을 찾겠다는 욕심에 해외 탐방에 나섰다. 이때의 뼈아픈 투자 실패 경험은 좋은 교훈이 되었다. 공짜가 없음을 온몸으로 체험했다.

2016년에 회사를 그만둘 때 대표와 이야기했다.

"그만두는 이유가 뭡니까?"

"코인 사업을 하려고 합니다."

"그거 안 됩니다. 되더라도 200년은 지나야 할 겁니다."

대표는 단호하게 말했다. 그랬던 대표에게 얼마 전 연락이 왔다. 그가 운영하는 회사에서 코인을 발행했다고 한다. 200년 뒤에나 생각해볼 일이라던 대표가 그로부터 5년 만에 코인을 발행한 것이다. 코인에 대해 철옹성 같았던 부정적인 그의 생각이 바뀐 것에 많이 놀랐다. 그러나 자세한 얘기는 흘려들었다. '여기저기서 코인으로 돈 벌었다고 하니 유행 따라 하나 만들었나 보네.' 하고 생각했다.

▲ 중국 탐방에서의 실망

비트코인이 태동하며 주목을 받기 시작한 때였다. 블록체인으로 만들어진 암호화폐가 돈이 된다는 인식이 팽배해지고 있었다. 우후죽순으로 암호화폐가 생겨나기 시작했다. 가짜와 진짜를 구별하기 어려운 상황이 벌어졌다. 암호화폐 시장은 그야말로 가짜가 판을 치는 지뢰밭이었다. 상상을 초월하는 사기판이 벌어지고 있었다. 한탕주의가 활개를 치는 곳이 되었다.

위험천만한 지뢰밭에서 옥석을 가린다는 것은 애초부터 무모한 도전이었는지 모른다. 옥석 찾기가 거의 불가능했다. 옥석이 있기나 할까? 의문이 들기도 했다. 하지만 계속 앞으로 나아갔다.

첫 중국 탐방은 4명이 갔다. 탐방 비용은 모두 내가 부담했다. 그렇게 찾아간 중국 첫 방문지는 옌타이였다. 좋은 코인을 설계하고 있는 회사가 있다는 지인의 소개로 찾아갔다. 중국에서 코인을 설계하고 있던 대표는 그 지역에서는 나름 유지라고 했다. 건설회사 고층 건물과 5층짜리 건물도 갖고 있었다. 5층짜리 건물은 전 층을 고급 중화요리 전문점으로 쓰고 있었는데, 저녁을 그곳에서 먹었다. 건설회사 사무실에서 사업 설명을 들었다. 다음 날 대학교 내 연구센터 같은 곳으로 데려갔다. 그곳에서 기술자들이 코인 연구를 한다고 했다.

사무실은 급조한 분위기였다. 노트북 몇 대가 놓여 있었고 직원 3명이 전부였다. 한마디로 썰렁했다. 허접했다. 아직 이곳은 준비가 되지 않았다고 판단했다. 실체가 분명하지 않고 아직 준비되지 않은 코인이었다. 실망스러웠다. 포기하고 빈손으로 돌아왔다.

▲ 태국에서의 두 번째 실망

중국에서 돌아온 지 얼마 지나지 않아 또 정보가 들어왔다. 이번에는 말레이시아에서 만든 코인이었다. 말레이시아에서 부동산 건축으로 크게 성공한 사람이 만들었다고 한다. 유튜브에 그의 화려한 경력도 소개되어 있었다. 태국에서 오픈 행사를 한다고 했다.

한국에서 나 포함 3명이 태국으로 날아갔다. 행사는 성대하게 치러졌고, 국내에도 잘 알려진 굴지의 외국 보험회사도 참여했다. 당시 중국에서 1,000여 명이 참석했고 홍콩과 기타 외국에서 2,000여 명이 참석했다. 신뢰가 생기는 대목이었다. 숙소에서 행사장으로 이동하는 길거리에는 코인을 소개하는 플래카드가 여기저기 나부끼고 있었다.

코인을 소개하는 소책자부터 티셔츠, 기타 용품 모두 회사 마크로 인쇄되어 있었다. 준비는 섬세하고 완벽했다. 충분히 신뢰할 만했다. 그날 행사에서 제시한 비전은 참석자 모두의 가슴을 뛰게 했다. 큰 꿈을 품기에 충분했다. 부족함이 없었다. 누가 보아도 대단한 규모였고 믿을 만한 행사였다.

행사가 끝나고 한국으로 돌아오는 비행기에서 사업 구상을 했다. 공항에 내려 집으로 가지 않았다. 한시라도 빨리 사업을 펼치고 싶었다. 태국 행사에 함께 갔던 3명은 곧바로 호텔을 잡았다. 잠을 제대로 자지 않았지만, 전혀 피곤하지 않았다. 사업을 어떻게 펼칠지 온통 그 생각뿐이었다. 호텔에서 하루 동안 사업계획서를 작성했다. 몸보다 마음이 더 바쁘게 움직였다.

다음 날 서울에 있는 대형 호텔 숙소를 대관하여 사업을 시작했다. 소문은 빨랐다. 며칠이 지나자 방문객이 늘었다. 전국에서 찾아왔다. 스위트룸을 대관하여 낮에는 사업 설명을 하고 밤늦게 업무를 정리하고 호텔에서 잠을 잤다. 승승장구했다. 몇 개월 후 태국에 30여 명이 초대받아 방문했다. 코인이 실생활에서 사용된다는 것을 직접 체험해보는 여행이었다. 3박 4일간의 태국 여행은 매우 흥미롭고 행복한 시간이었다. 여행 기간에 태국에 있는 동양 최대 보석 면세점에 들렀다. 면세점 계산대에는 간편하게 결제할 수 있도록 QR코드가 준비되어 있었다. 컴퓨터로 결제할 수 있는 시스템도 갖춰져 있었다. 완벽했다. 이제는 의심할 여지가 없었다.

태국 여행을 다녀온 후 사업은 더욱 번창했다. 이후에도 중국 난징을 방문하여 커피숍에서 QR코드로 결제를 하고 커피를 마셨다. 본사의 초청으로 인도네시아 발리 휴양지에서 30여 명이 달콤한 미래를 생각하며 꿈에 부풀었다. 발리 커피숍에서도 코인으로 결제했다. 한국에서도 코인으로 결제 가능한 가맹점이 하나둘 생겨나기 시작했다. 식당, 커피숍, 미용실 등 여러 곳에서 QR코드로 결제가 가능했다. 실생활에 코인으로 결제하는 시스템이 갖춰지고 있었다. 그야말로 꿈에 그리던 코인을 찾은 것이다. 얼마 후 본사는 캄보디아로 옮겼다. 캄보디아에서 영향력 있는 사람이 투자를 많이 하여 합작하느라 옮겼다고 했다. 한국에서 6명이 초청을 받아 캄보디아에 방문했다. 캄보디아에서 코인에 투자를 많이 했다는 사람은 현역 군인이었다. 계급은 투-스타(two-star)였다. 그는 현지에서 정말 실세였다. 앞으로 코인 사업 확장을 위해 수목원을 운영한다며 자동차로 3시간을 달려가 보여주기도 했다.

캄보디아에서 투-스타 현역 장군의 집을 방문했다. 3층으로 지어진 집으로 독채를 쓰고 있었다. 집을 둘러보니 곳곳에 제복 입은 사진들이 걸려 있었다. 조상 때부터 군인 집안이라 조상들 사진이라고 했다. 캄보디아 여행을 하고 돌아오면서 석연찮은 느낌이 들었다. 뭔가 위조품 같다는 느낌이.

불운한 예감은 늘 틀리지 않았다. 캄보디아를 다녀온 이후부터 어찌 된 영문인지 본사와 소통이 원활하지 않았다. 결국, 연락이 닿지 않아 사업은 좌초되고 말았다. 참으로 황당했다. 정말 괜찮은 코인을 찾았다고 생각했다. 흙수저를 금수저로 바꾸려고 온 힘을 다해 열심히 했다. 하지만 사업은 너무도 허무하게 막을 내리고 말았다. 뼈아픈 경험이었다. 진짜보다 더 화려한 위조품이었다.

코인 시장은 위조품이 판을 치는 곳이다. 메이저급 거래소에 상장되지 않은 코인 99%는 가짜라 보면 된다. 적어도 지금까지는 그랬다. 메이저급 거래소에 상장된 코인도 모두 진짜는 아니다. 법의 사각지대에서 사기 코인이 너무도 많다. 특금법(특정금융거래정보법)이 적용되면서 시장이 정화되기를 바랄 뿐이다. 비트코인보다 나은 코인을 찾아 나선 여러 번의 해외 탐방은 이렇게 허무하게 막을 내렸다.

⚓ 다시 원점으로

돌고 돌아 원점으로 돌아왔다. 우물쭈물하다가는 죽도 밥도 안 될 것 같아 비트코인으로 대박을 냈다는 지인 S를 만났다. 늦은 듯하지만 이제 시작이라는 판단에서 내린 결정이었다. 서울에 사무실을 내고 사업을 시작했다. 당시만 해도 비트코인에 대한 열기는 소수들만 참여하는 사업이었다. 관심이 아주 뜨겁지는 않았다.

사업을 시작했지만, 함께하겠다는 사람이 없어 이내 포기했다. 당시 비트코인은 100만 원과 150만 원 사이를 오가고 있었다. '비트코인은 사기다. 거품이다.' 연일 언론의 조명을 받았다. 불안 심리가 커지면서 투자 심리도 위축되었다. 다시 코인 사업은 암초를 만났다. 그동안 여러 번의 해외 원정으로 수중에 돈도 바닥이 났다. 그야말로 사면초가에 빠졌다.

국민학교 시절, 소풍 가면 빠지지 않는 놀이가 있었다. 보물찾기다. 나는 한 번도 보물찾기에 성공한 적이 없다. 가끔 여러 장의 보물 쪽지를 찾은 친구한테 한 장 얻으면 그날은 운이 좋다고 여겼다.

어릴 적엔 보물찾기가 난제였는데 그때 나에게는 코인 찾기가 그랬다. 하지만 예전과 달리 기회는 계속 있었다. 실패하더라도 삶은 이어진다. 나는 포기하지 않았다. 현실은 포기할 수도 없게 계속 나를 재촉했다. 실패가 계속되었지만 이 모든 실패가 성공으로 가는 과정에 불과하다며 스스로 다독였다. 실패도 성공의 한 부분이라고 믿었다. 거듭되는 실패에도 나의 도전은 멈추지 않았다.

나는 장애물을 만나면 포기보다는 무조건 넘을 수 있다는 강한 자신감과 넘고야 말겠다는 오기가 발동한다. 뛰어서 넘어라. 돌아서 넘어라. 땅굴을 파서라도 넘어라. 이것이 나의 생활신조다. 긍정과 부정의 마음은 항상 공존하며 싸운다. 100%는 없다. '극복하고 넘어라, 여기서 포기해라.' 두 마음이 늘 싸운다. 그러나 결국, 긍정의 마음이 이긴다.

연속되는 실패에도 나는 또 다른 도전을 준비했고, 그래야만 하는 것이 내 현실이었다.

03

세계는 왜 비트코인에 주목하는가?

▲ 비트코인, 세계의 주목을 받다

비트코인이 뜨겁다. 열기는 상상을 초월한다. 비트코인은 암호화폐의 대표 주자다.

일론 머스크가 비트코인 투자로 한 달 만에 10억 달러, 우리 돈으로 1조 원 이상의 떼돈을 벌었다는 기사가 났다. 그는 테슬라를 비롯하여 여러 회사의 대표를 맡은 인물이다. 그는 올해 세계 부자 순위에 올랐다. 그의 말 한마디는 영향력이 매우 크다. 그가 투자한 코인이 공개되면 상승세를 탔다. 현재 미국에서는 테슬라 자동차를 비트코인으로 구매할 수 있다. 일론 머스크는 비트코인을 완전한 자산 가치를 가진 돈으로 인정했다는 것이다. 세계 1위 부자가 미래를 보는 관점을 말해주는 대목이다. 그에게 투자 이유를 묻자 현금보다 덜 멍청해서 투자했다고 한다. 현재 현금 제도에 문제점이 있다는 방증이다. 모두가 불신하고 외면했지만, 비트코인은 묵묵히 갈 길을 걸어왔다. 그러자 사람들이 믿기 시작했다. 믿음의 크기만큼 비트코인은 주목을 받고 있다.

전 세계가 비트코인을 주목하고 있다. 비트코인을 바라보는 관점은 극과 극이다. 세상을 움직이는 유명인들이 비트코인을 바라보는 관점을 몇 가지 들여다봤다.

테슬라 CEO 일론 머스크는 다음과 같이 말했다.

"나는 비트코인 지지자로서 현재 시점에서 비트코인은 좋은 것으로 생각한다."

친구가 비트코인을 소개한 적이 있다. 8년 전, 2013년이다. 그때 비트코인을 샀어야 했다. 비트코인은 금융가를 강타하고 있다. 많은 금융인이 광범위하게 받아들이는 날이 올 것이다. 8년 전 일론 머스크가 전 재산으로 비트코인을 샀더라면 지금의 테슬라보다 더 큰 부자가 되었을지도 모른다.

MS 창업자 빌 게이츠는 "비트코인은 투기적이다. 간편한 방법이 있으면 공매도할 것이다."라고 말했다. 빌 게이츠가 전 재산을 걸고 하락하는 데 배팅을 했다면 지금 그는 완벽하게 파산했을 것이다.

버크셔 헤서웨이의 워런 버핏 회장은 "암호화폐는 기본적으로 아무런 가치가 없고, 아무것도 생산하지 못한다. 나는 암호화폐를 갖고 있지 않다."라고 했지만, 아무것도 하지 못한다던 비트코인은 지금 세계 최고의 자동차 회사 자동차를 구매하고 결제하는 데 사용되고 있다. 커피숍에서도, 여러 매장에서 현금처럼 결제되기 시작했다.

▲ '가즈아' 열풍과 김치 프리미엄

"가즈아~~"

이 단어를 알고 있는가? 알고 있다면 비트코인을 알고 있다는 것이다. 비트코인을 알고 있다면 이 단어를 모르는 사람은 없다. 사전적 의미로는 '가자'를 길게 발음한 것으로 어떤 일을 시작하는 행위 등에 사용되는 단어로 정의하고 있다. 비트코인 열풍이 거세게 불 때 온 세상은 '가즈아'로 도배됐다. 비트코인과 관계없는 일에도 '가즈아'가 유행처럼 퍼져나갔다. 한국뿐만 아니라 전 세계가 '가즈아'를 외쳤다. 비트코인 열풍에 왜 한국말인 '가즈아'가 국제어가 되었을까?

비트코인 가격이 폭등할 때 한국이 가격을 견인하는 역할을 했기 때문이다. 한마디로 '김치 프리미엄' 효과다. 김치는 한국을 대표하는 음식이다. 김치 프리미엄은 비트코인 가격이 국내 거래소가 해외 거래소보다 비싸다는 데서 유래된 것이다.

2017년 비트코인 가격이 중국 거래소보다 국내 거래소가 30~40% 비싼 경우도 많았다. 당시 중국은 비트코인 거래를 불법으로 규정하고 통제했다. 당시 이런 현상을 이용한 시세 차익 거래를 하는 사람들이 생겨났다. 중국 거래소에서 코인을 구매해 국내 거래소에 팔면 엄청난 수익이 발생하는 구조였다. 이들을 '보따리 장사'라고 했다. 물론 쉽게 거래를 할 수 있는 구조는 아니었다. 당시 중국은 암호화폐를 규제하였고 국내는 이런 거래를 불법으로 간주하였기 때문이다.

하지만 인간은 틈이 보이면 어떤 방법으로든 비집고 들어가는 탁월한 능력이 있다. 규제한다는 것은 누군가 하고 있고, 할 수 있다는 것을 의미한다. 내 주변에도 보따리 장사를 하는 사람이 있었다. 비트코인에 열광하는 분위기는 대한민국이 이끌었다고 해도 과언이 아니다. 당시 '비트코인'을 연상하면 세계의 중심에는 한국이 있었다.

⚓ 규제와 내재 가치

하지만 한국에서 강력한 규제가 시작되었다. 거래소를 폐쇄하겠다는 법무부의 방침이 발표되고, 방송에서도 비트코인에 대한 경고성 발언이 이어졌다. 김치 프리미엄을 걷어내기 시작했다. 비트코인은 나락으로 떨어졌다. 2,700만 원 하던 비트코인은 몇 개월 만에 300만 원대까지 하락하는 수모를 겪었다.

하지만 비트코인은 밟아도 밟아도 죽지 않는 내재 가치를 품고 있었다. 비트코인은 강했다. 비트코인 초기에 관심받던 한국은 이방인으로 밀려나고 말았다. 미래의 먹거리를 선점할 수 있는 천운의 기회를 우리는 이렇게 날려버렸는지도 모른다.

'가즈아~~'에는 어떤 의미가 담겨 있을까?

비트코인을 사두고 가격이 올라가기를 소망하는 사람들의 마음이 담겨 있다. 당연하다. 한 발 더 나아가면 비트코인이 미래 화폐로 인정받는 날이 오기를 바라는 마음도 함께 담겨 있다. 전자는 시세 차익을 얻기 위한 단기 투자자들의 마음이고 후자는 미래 가치에 마음을 담은 장기 투자자들의 마음이다. 전자든 후자든 많은 사람의 기대감이 커지면서 비트코인에 열광하는 분위기가 만들어졌다.

비트코인은 지난해 2020년 10월에 1,300만 원이었다. 그로부터 6개월이 지난 2021년 4월 8,000만 원을 돌파했다. 6개월 만에 6배 이상 상승했다. 폭등했다. 이런 현상을 보고 미치지 않을 투자자가 있겠는가? 6개월 만에 500% 이상 수익이 났다. 비트코인은 여전히 배가 고픈 모양이다. 조정다운 조정 없이 계속 올라가고 있다. 조만간 1억 원은 넘고서야 쉬어갈지 고민할 것 같은 분위기다. 폭등 시세 앞에 열광하지 않을 투자자는 없다.

♠ 부자가 되는 꿈, 비트코인

그런데 왜 이런 일이 벌어지고 있을까? '돈이 된다.'라는 생각 때문이다. '돈이 된다.'라는 말은 두 가지 의미를 담고 있다. 첫째는 구매한 코인이 올라서 수익적으로 돈이 된다는 것이다. 두 번째는 허상이 만들어낸 거품이라며 외면받던 비트코인이 제도권으로 편입이 되면서 화폐로 인정받아가고 있는 데 따른 기대감이다. 제도권에서 받아들이기 시작했다는 의미는 믿음이 생기고 있다는 것이다. 비트코인이 제도권과 많은 사람에게 믿음을 주기 시작한 것은 비트코인이 블록체인을 기반으로 만들어졌다는 것을 알고부터다.

비트코인은 끝을 모르고 '가즈아~'를 외치며 달리고 있다. 목적지는 아무도 모른다. 그래서 희망적이고 더 열광하지만, 한편으로는 더 불안하고 무섭다.

누군가는 이 광풍을 즐기고 있다. 누군가는 이 광풍에 고통스러워한다. 알면 즐기고 모르면 고통스럽다. 나는 이런 분들에게 도움이 되기를 바라는 마음에서 이 책을 쓴다. 즐기는 이들에게는 더 큰 희망을, 고통을 받는 이들에게는 올바른 투자의 길을 알려주고 싶다.

블록체인은 4차 산업혁명을 불러왔다. 화폐는 사회가 변하고 시스템이 변하는 만큼 진화를 거듭해왔다. 4차 산업혁명 시대로 가는 길목에서 화폐가 진화를 준비하고 있다. 바로 암호화폐다. 4차 산업혁명 시대를 이끄는 것은 암호화폐다. 비트코인만이 아니다. 미래에 사용될 모든 암호화폐다. 지금은 암호화폐에 대한 정의조차 제대로 내릴 수 없는 시기다. 국가별로 인식의 차이가 있는 만큼 부르는 명칭도 다양하다. 한국은 비트코인, 가상화폐, 암호화폐, 가상자산을 혼용하여 사용하고 있다. 공식적으로 사용하는 명칭은 가상자산이지만 이것도 한시적으로 사용하는 용어일 뿐이다. 미래에는 암호화폐로 사용될 것이다.

비트코인에 열광하고 주목하는 이유가 있다. 가장 큰 이유는 부자가 될 수 있다는 것이다. 비트코인으로 돈을 벌었다는 사람이 주변에 생겨나기 시작했다. 몇백 몇천도 아니고 수억 원, 수십억 원, 많게는 수백억 원, 수천억 원을 벌었다고 한다. 흙수저가 금수저로 바뀌는 모습을 목격했다. 믿음의 크기가 커졌다. 비트코인은 조정이라는 숨 고르기를 하면서 갈 길을 가고 있다. 추세는 이미 만들어졌다. 부의 대이동이 시작된 것이다. 모두 부자가 되는 대열에서 이탈하지 않으려고 한다. 낙오자가 되고 싶지 않다. 이러한 현상과 부자가 되고자 하는 바람이 어우러져 비트코인은 멈추지 않고 내일로, 내일로 달려가고 있다. 종착역은 아무도 모른다.

"지구는 둥글다."
"지구는 돈다."

지금은 진리가 되었지만 당시에는 모두들 '미친 주장'이라고 했다. 그러나 이런 '미친 주장'을 하는 사람들이 세상을 발전시켜왔다.

가상화폐는 가상자산도 아니고 암호화폐 그 자체다. 법정화폐다. 미래에는 그냥 화폐로 통할 것이다. 이것이 미래다. 법정화폐가 되어야 하는 이유는 별도로 다루겠다.

04

전 세계 비트코인 열풍을 전망하다

▲ 비트코인의 질주

스포츠카가 고속도로를 질주하고 있다. 갑자기 브레이크가 말을 듣지 않는다. 고장이 난 것이다. 이런 상황이 되면 질주 본능을 가진 카레이서도 두려워진다. '큰일이다!' 눈앞이 캄캄해진다. 당황한다. 죽을 수도 있다. 짧은 순간에 수많은 생각이 든다. 본능적으로 대책을 생각한다. 첫째, 위험을 감수하고 연료가 떨어질 때까지 달린다. 둘째, 어딘가에 부딪혀서라도 어떻게든 차를 세워야 한다.

비트코인 열기가 뜨겁다. 뜨거워도 너무 뜨겁다. 연일 신고가를 갈아 치우고 있다. 끝을 알 수 없다. 주행하는 자동차에 브레이크가 고장 난 상황이나 다름없다. 연료가 금방이라도 떨어져 멈출 줄 알았다. 2017년, 똑똑한 전문가는 비트코인이 100만 원에서 연료가 떨어져 멈출 것이라고 전망했다. 거품이 사라지고 대폭락이 올 것이라며 경고했다. 그들은 비트코인 가격이 100만 원, 500만 원, 1,000만 원, 2,000만 원, 3,000만 원, 5,000만 원, 7,000만 원으로 올라갈 때마다 안간힘을 다해 거품이라며 자신의 주장이 진리인 양 경고성 전망을 내놓았다.

4년이 지난 2021년 4월 비트코인 가격은 8,000만 원을 돌파했다. 어찌 된 일일까?

남의 물건을 훔치는 것은 용서받을 수 있는 작은 도둑이다. 그러나 남의 기회를 빼앗는 것은 용서받지 못하는 큰 도둑이다. 물론 언젠가는 그들의 경고성 전망이 맞을지도 모른다. 그러나 그렇게 누군가는 투자를 망설이다 기회를 놓친 사이에 누군가는 흙수저에서 금수저가 되었다. 물론 투자 책임은 본인의 몫이다. 그러니 감당할 수 있는 범위에서 투자하면 된다.

브레이크가 고장 났더라도 위험 요소가 없는 도로라면 벽을 들이받아 강제로 차를 세울 필요는 없다. 예측 가능한 상황이라면 사고는 나지 않는다. 비트코인도 마찬가지다. 지금 흐름이 브레이크가 없다고 생각되더라도 스스로 감당 가능한 수준으로 투자를 하면 문제 될 것이 없다. 그 속에 부자가 될 기회도 있다. 암호화폐를 제대로 알면 작은 자금으로도 충분히 부자가 될 수 있다.

돈이 흐르는 곳에는 항상 인간의 욕망이 함께한다. 부자가 되겠다는 욕망은 본능이다. 말려도 듣지 않는다. 변동성이 크고 위험이 큰 곳일수록 대중은 광분한다. 쉽게 돈을 벌 수 있다는 생각 때문이다. 쉽게 돈을 잃기도 한다. 하지만 잃는 것은 생각하지 않는다. 오직 버는 것만 생각한다. 그래서 사기도 당하고 큰 기회를 잡기도 한다. 복불복 같다.

비트코인 가격은 끝을 모르고 달리고 있다. 전 세계 사람들은 비트코인 열풍이 어디까지 갈지 숨죽이고 주목하고 있다. 비트코인에 인생을 건 사람들이 많이 늘어나고 있다. 흙수저를 금수저로 바꿀 절호의 기회라 생각한다. 실제 주변에서 그런 사람을 보았기 때문이다. 이것만은 부정할 수 없는 사실이다.

나도 그랬다. 비트코인이 인생을 바꾸어주었다. 아직은 금수저는 아니지만, 은수저 정도는 된다. 비트코인 세상이 이어지는 한 내가 금수저가 되는 것은 시간문제다. 모든 투자자는 생각한다. '나도 할 수 있다. 지금도 늦지 않았다.' 이런 생각이 가득하다. 이런 생각들이 바뀌고 사라지기 전에는 비트코인의 열풍을 잠재울 수가 없다. 결과는 아무도 모른다. 암호화폐 전문가가 세상에 존재하기나 할까? 모두가 자신의 명성을 이용하여 말을 얹어보는 것, 그 이상도 그 이하도 아니다. 일반인들은 성공한 이들이 하는 말이니 인정하고 추종할 뿐이다. 그들이 당신의 지갑을 채워 부자로 만들어주지는 않는다. 손실을 복구해주지도 않는다.

☝ 비트코인에 대한 논쟁들

최종 가격은 세월이 지나봐야 알 수 있다. 세상이 미쳐 돌아가는데 비트코인 하나 정도 더 미쳐 돌아간들 무슨 문제가 있겠는가? 이렇게 비트코인은 미래 화폐, 법정화폐의 자리를 찾아가고 있다. 현재 암호화폐가 법정화폐가 될 것이라 생각하는 사람은 거의 없다. 나는 반드시 법정화폐가 된다고 본다. 2016년부터 주장한 내용이다. 지금 화폐의 문제점이 개선되려면 반드시 진화해야 하기 때문이다.

비트코인은 연일 고점을 갈아 치우고 있다. 비트코인을 보는 전망은 항상 대립한다. 테슬라의 최고경영자인 일론 머스크가 비트코인을 대량으로 매수하고 투자에 대한 긍정적인 관점을 제시하자 비트코인은 폭등했다. 세계적인 기업들이 비트코인 투자 비중을 늘려가고 있다. 각국의 기관들과 기업들도 비트코인에 대한 관심도를 높여가고 있다.

비트코인 가격이 폭등하고 있는 가운데 '거품이다. 역사상 최악의 버블이다.' 연일 언론은 시끄럽다. 이주열 한국은행 총재는 "암호자산(암호화폐)은 내재 가치가 없다."며 앞으로도 가격 변동성이 클 것이라고 말했다. 이처럼 한국은 정치권이나 금융권 모두 가상자산에 대한 인식이 매우 부정적이다.

비트코인의 미래가 궁금한 투자자들은 세계적인 부호나 기관, 유명인들의 발언에 주목하고 있다. 테슬라에 투자하는 ETF로 '대박'을 낸 투자자 캐시 우드는 더 많은 미국 기업들이 암호화폐를 재무제표에 넣을 것이라고 예상하면서 비트코인의 추가 상승 여력은 최대 40만 달러에 달할 수 있다고 말했다.

반면 미국 재무장관 재닛 옐런은 "비트코인은 매우 투기적인 자산이며 극도로 변동성이 높다는 점을 사람들이 알아야 한다"고 경고했다. 마이크로소프트 창업자 빌 게이츠는 "많은 여윳돈을 가지지 못한 사람들이 열풍에 현혹당하고 있다. 일론 머스크보다 가진 돈이 적다면, 비트코인 투자를 조심해야 한다"고 말했다.

전 세계와 한국의 정부나 금융권의 견해를 보면서 판단이 서는가? 투자해야 할지, 말아야 할지 판단하기가 쉽지 않다. 비트코인이 얼마까지 올라갈지 고민하지 마라. 시세는 귀신도 모른다. 시장이 결정할 일이다. 시세는 시세에 맡겨두고 지켜보면 된다. 나는 지금의 비트코인 가격은 아직 시작도 하지 않았다고 생각한다. 2016년 암호화폐 강의를 할 때 비트코인 가격이 70만 원이었다. 모두 거품이라고 할 때 당시 나는 7억 간다고 한 바가 있다.

대표적인 암호화폐인 비트코인이 고점을 갈아 치우며 연일 최고가를 경신하고 있지만, 미래 전망은 엇갈린다. 천차만별이다. 한편에서는 '결국엔 10만 달러를 넘을 것'이라는 낙관론이, 반대편엔 '결국은 거품'이라는 회의론이 끊임없이 나오고 있다. 팽팽한 줄 한가운데 달린 추가 대롱대롱 춤을 추고 있다.

비트코인에 관심을 두고 있는 투자자라면 어느 쪽에 배팅해야 할까? 회의론의 손을 들어줄 것이라면 비트코인에 관심 두지 말고 떠나면 그만이다. 모두가 헛소리니까. 그럼 기회도 손해도 없다. 낙관론의 손을 들어줄 것이라면 투자를 하면 된다. 위험을 감당할 만큼만 투자하면 문제 될 것이 전혀 없다. 부의 크기는 누가 먼저 기회를 잡느냐의 게임이다. 실패해서 손실을 보더라도 감당할 위험이라면 문제가 되지 않는다. 성공하면 흙수저가 금수저가 된다. 큰 기회가 숨어 있기 때문이다. 내가 이렇게 기회를 잡은 것처럼 당신도 그런 기회를 잡기 바란다.

당신의 주머니는 스스로 채워야 한다. 아무도 채워주지 않는다. 투자하더라도 감당할 수 있을 만큼만 하면 된다. 적어도 기회를 잃는 일은 없을 것이다. 나도 투자를 결정했고 기회를 잡았다. 비트코인 열풍이 내재 가치가 전혀 없는 단순한 거품인지, 미래 화폐를 대체할 진짜 화폐가 될지 예측이 가능했다면 수많은 투자자가 부자가 됐을 것이다. 아는 사람만 부자가 된다.

여기까지 읽었다면 이제 비트코인이 어디까지 갈지 고민하지 않아도 된다. 비트코인을 '튤립 파동'에 비교하는 것은 블록체인을 제대로 알지 못한 성급하고 무지한 판단이다. 블록체인 기술과 암호화폐는 인간의 삶을 한층 더 윤택하게 만들 것이다. 블록체인이 미래의 문을 열고 있다. 부의 재편성이 시작됐다. 비트코인 광풍 속에 갇힌 나는 행복하다. 기회가 늘 내 손에 있기 때문이다. 부자는 의심하는 데서 찾아지지 않는다. 기회를 찾아 도전할 때 온다.

결국 투자 판단은 스스로 해야 한다. 광풍의 끝자락인지, 이제 시작인지 아무도 모른다. 비트코인이 얼마나 올라갈지 답을 알고 있는 사람은 지구상에 존재하지 않는다. 비트코인의 끝은 먼 미래의 시간이 말해줄 것이다.

비트코인의
법정화폐화를 예견하다

비트코인 열풍의 끝은 아무도 모른다. 그 이유는 아직 시작도 하지 않았기 때문이다. 『블록체인이 미래를 바꾼다』라는 책을 출간할 당시, 많은 유명 인사들이 비트코인은 내재 가치가 없다며 사기라고 치부하고 조심하라며 경고했다. 그러나 3년이 지난 지금, 미국은 비트코인 현물 ETF를 승인했고, 대선 후보들이 암호화폐로 후원금을 받고 있다. 대선 후보 트럼프는 이제 남은 비트코인은 모두 미국산으로 채굴되기를 바란다고 했다. 이는 비트코인이 단순한 투기 자산이 아니라, 화폐의 진화와 부의 대이동임을 예고하는 신호이다. 나는 2016년부터 비트코인이 반드시 법정화폐가 될 것이라고 주장해왔고, 2021년 5월에 출간된 『블록체인이 미래를 바꾼다』에서도 이 주장을 강하게 했다. 2021년 9월, 엘살바도르가 비트코인을 법정화폐로 지정하면서 나의 주장은 현실이 되었다.

05

블록체인이 신뢰 사회를 만든다

▲ 신뢰 기반의 블록체인 기술

코로나19는 비대면 거래를 증가시켰고 유통의 변화를 가져왔다. 비대면 거래가 증가하면서 원산지를 속이거나 표시하지 않고 유통하는 사례가 날로 늘어나는 추세다.

추석 한우 세트를 준비했는데 알고 보니 미국산이다. 국내산 고사리를 준비했는데 알고 보니 중국산이다. 이렇게 원산지 표기를 속이거나, 짝퉁을 만들어 판매하다 농식품 원산지 표시 위반으로 적발됐다는 사례는 명절마다 나오는 단골 뉴스다. 농식품 원산지를 거짓으로 표시하거나, 원산지를 표시하지 않고 유통하면 처벌이나 과태료 처분을 받는다.

안전한 먹거리를 찾고 진짜를 찾는 고객으로서는 황당하고 화가 나는 일이다. 원산지를 바꿔치기하고 가짜를 만들어 진품으로 속여 판매하는 이유는 뭘까? 돈이 되기 때문이다. 원산지 표시 라벨지 하나로 원산지가 중국산에서 국내산으로 쉽게 국경을 넘는다. 소비자를 쉽게 속인다. 전문가가 아니면 분별하기조차 어렵다. 소비자는 가격이 좀 비싸더라도 신뢰할 수 있으면 선택한다. 소비자는 믿고 사서 먹을 수 있는 먹거리를 원한다. 비단 먹거리뿐만 아니다. 투명하게 관리되는 유통 과정을 알고 싶다. 하지만 쉽지 않다.

신기술이 등장했다. 블록체인이다. 블록체인 기술은 한마디로 신뢰를 기반으로 하는 기술이다.

블록체인 기술이 본격적으로 알려지기 시작한 것은 암호화폐인 비트코인이 주목받기 시작하면서다. 블록체인 기술이 처음으로 접목된 것이 비트코인이다. 비트코인과 블록체인을 동일시하는 사람도 있으나 이는 잘못된 견해다. 블록체인과 비트코인은 같은 것이 아니다. 블록체인 기술을 활용하여 만들어진 것이 비트코인이다. 블록체인 서비스 중 하나일 뿐이다. 비트코인 하나를 보고 블록체인 전체로 보면 안 된다. 블록체인은 인간 생활의 모든 분야에 적용 가능한 기술이다.

블록체인이 어떤 기술이기에 신뢰 사회를 만들 수 있다고 할까? 간략히 살펴보면, 탈중앙화 시스템이다. 중앙화된 시스템에서 벗어난다, 즉 분산형 네트워크를 기반으로 한 탈중앙화이다. 기존에는 중앙화된 통제기관에서 모든 정보를 저장하고 관리했다. 중앙에서 데이터를 바꾸어버리면 위변조할 수 있다. 블록체인은 이런 문제점을 해결해준다.

블록체인은 발생한 거래에 대한 모든 기록을 불특정 다수의 데이터 저장소에 실시간으로 분산 저장하는 기술이다. 수학적 함수를 활용하여 저장된 단위 데이터의 변경을 어렵게 한다. 불특정 다수가 공유하고 있는 모든 정보를 실시간으로 변경할 수 없다면 위변조는 불가능하다.

블록체인은 데이터를 조작 위험에서 보호할 수 있는 구조다. 블록체인의 가장 큰 특징이다. 신뢰를 기반으로 한다. 블록체인에서는 이해관계자들이 모든 거래의 발생과 기록을 동시에 공유한다. 지금까지 모든 거래의 기준이 되었던 중간자의 역할이 축소되거나 없어진다. 거래가 투명하게 기록되고 관리된다. 위변조가 어렵다. 이러한 특징 때문에 신뢰할 수 있는 유통 과정이 만들어진다. 이는 원본을 두고 다투는 저작권 분쟁을 막아주는 역할도 한다. 블록체인은 금융, 유통, 제조, 물류 등등 산업 전반에 걸쳐 활용된다.

카드만 갖고 일주일간 소비생활을 한다고 가정해보자. 하나에서 열까지 먹고, 쓰고, 자고 하는 모든 소비를 카드 한 장으로 한다. 이 경우 일주일간 모든 소비생활로 지출한 기록이 카드사에 고스란히 남는다. 결제 시간, 결제 장소, 결제 품목까지 모든 기록은 해당 카드사 전산에 남는다. 언제, 어디서, 무엇을 먹고, 무엇을 했는지 일주일간의 행적을 물어보지 않아도 카드 사용 명세서만 보면 알 수 있다. 만약 해당 카드사 직원이 이 기록을 바꿀 수 있다면 중앙화 시스템이다. 만약 이 기록을 실시간으로 다른 카드사가 공유한다면 이것이 블록체인 기술이다. 기록을 바꿀 수 없다. 이렇게 되면 우리는 카드사 기록만으로도 그 사람의 결제 명세를 신뢰할 수 있다.

원산지 관리도 마찬가지다. 블록체인을 활용하면 앞서 뉴스에 자주 등장했던 원산지를 속이거나 가짜를 유통하는 일은 없어진다. 조상님 제사상에 미국산 소고기가 '한우' 옷을 입고 올라가는 어처구니없는 일은 일어나지 않는다. 제조, 공정 과정이 투명하게 기록된다면 믿을 수 있다. 혼자만 아는 게 아니다. 중앙화 시스템이 아니다. 분산된 공유 기록으로 누구나 알고 있다. 신뢰할 수 있다. 블록체인은 신뢰를 만들어간다.

▲ 블록체인의 미래와 사회적 신뢰

아직은 블록체인 기술이 다양한 분야에서 활용되지 못하고 있다. 지금 블록체인이라는 아이는 초기 단계로, 많은 일을 할 수는 없다. 걸음마 단계이다. 그러나 뒤집기 하던 아이가 기어 다니고, 일어서고 걷고 뛰는 데는 그리 많은 시간이 필요하지 않다. 기다리면 아이는 걷고 뛸 것이다.

코로나19는 많은 이들에게 고통을 주고 있지만, 비대면 생활이 확대되면서 디지털 사회를 앞당기는 역할을 해주고 있다. QR코드 사용은 암호화폐 결제와 연관이 있기 때문이다.

2016년에 코인을 찾는다며 해외로 돌아다닐 때 중국 난징을 방문한 적이 있다. 중국 난징에 갔을 때 중국인 친구가 위챗페이를 써보라며 준 적이 있다. 당시만 해도 QR코드에 대한 인식이 지금 같지 않았던 때라 생소했다. 숙소 앞에 작은 구멍가게 같은 슈퍼가 있었다. 아주 조그마한 가게였다. 그곳에서 캔 맥주를 사고 스마트폰 내 위챗페이로 결제했다. 처음 접하는 QR코드 결제가 신기했다.

예전 신용카드가 처음 나왔을 때 신용카드로 결제를 할 수 있는 곳도 많지 않았다. 출입문에 신용카드 스티커가 붙여져 있는지 먼저 확인하고 가게로 들어갔다. 신용카드로 결제하면 점주는 수수료를 내야 한다며 싫어했다. 신용카드로 결제하려면 눈치를 보던 때가 있었다. 또 점주는 외상과 같은 개념으로 느꼈다. 은행에서 보름씩 있어야 현금으로 지급 받을 수 있었기 때문이다.

블록체인이 신뢰가 보장되는 세상을 준비하고 있다. 생태계를 조성하기 위해 부단히 노력하고 있다. 이제 누가 앞서가느냐를 놓고 세계 각국은 치열한 경쟁을 벌이고 있다. 이런 시기에 정부가 규제를 완화하여 기업도 개인도 역량을 펼칠 수 있도록 해줘야 한다. 도와주지는 못할망정 다리를 거는 일은 하지 않았으면 하는 바람이다.

신뢰는 매우 중요하다.
중국 여행에서 한의원 같은 곳에 방문했다. 그곳은 한국으로 보면 국회의원급의 고위 인사들만 온다고 했다. 요즘은 개방했지만, 여전히 비용 부담으로 문턱이 높단다. 예약해도 몇 달씩 오랜 기간 기다려야 한다고 했다. 특별히 여행객들에게만 중국의 우수성을 알리고자 오픈하고 약을 팔고 있다는 것이다. 결국 수백만 원어치의 한약을 샀다. 그러나 다 먹지도 못하고 묵혀두었다가 먼지와 함께 버려지고 말았다. 그때 구매하게 된 결정적인 한 방은 중국 정부가 보증한다, 문제가 생기면 중국 정부 차원에서 즉시 해결해준다는 말이었다. 평소에 중국을 믿는 것도 아니면서 현지에서 중국 정부가 보증한다는 말에는 강하게 끌리는 힘이 있었다.

현대는 불신이 커지는 시대다. 가장 큰 사회문제다. 정치권에서 인사 발령 때마다 후보자 검증을 위한 청문회가 열린다. 블록체인 세상에는 이런 검증이 불필요하다. 과거 살아온 삶이 통째로 블록체인에 아주 자세하게 투명하게 기록돼 있다. 블록체인에 기록된 자료는 누구도 바꿀 수 없다. 거짓말을 할 수가 없다. 온전히 기록되어 있는 블록체인을 보면 된다. 미래에 인사 발령은 인공지능이 검증하게 될지도 모른다. 몇 초면 검증이 끝난다.

미래는 블록체인이 접목된 서비스인가 아닌가로 나뉘게 될 것이다. 블록체인이 접목된 서비스는 처음과 끝이 투명하게 기록이 되기에 절대 속일 수 없다. 블록체인이 신뢰 사회를 만들어가는 이유다.

06

블록체인을 알면 암호화폐 투자가 쉽다

☎ 암호화폐 가격 변동과 투자자 심리

투자는 믿음이다. 투자는 믿음에서 시작된다. 믿음이 없으면 투자도 없다. 믿음이 없으면 어떤 투자도 할 수 없다. 믿지 못하는데 누가 투자하겠는가? 투자는 위험이 따른다.

위험을 감수하고 투자를 하는 것은 그 열매가 투자 위험보다 크다고 생각하기 때문이다. 투자는 항상 자기 책임이 따른다. 투자로 인한 열매도, 손실도 온전히 투자자 몫이다.

2021년 4월 13일, 비트코인 1개 가격이 8,000만 원을 돌파했다. 1억 원을 넘겠다는 의지가 강해 보인다. 지금 가격에 비트코인을 매수할 수 있겠는가? 누군가는 매수하고 누군가는 매수를 망설이거나 아예 엄두조차 내지 못한다. 왜 이런 현상이 나타날까? 같은 가격인데 누군가는 매수하고 누군가는 매도한다. 시장에서는 늘 거래가 이루어진다. 시장은 살아 있다. 같은 가격에 누군가는 올라갈 것을 확신하고 매수한다. 누군가는 내려갈 것을 확신하고 매도한다. 두 사람의 마음이 극과 극이다. 현재 비트코인 가격은 8,000만 원이다. 분명한 것은 누구도 쉽게 매수하지 못한다는 사실이다. 왜냐하면 비트코인 가격은 두 달 사이에 5,000만 원에서 60%가 올랐기 때문이다. 아무도 쉽게 매수하지 못하는 이유다.

2016년 5월 13일, 비트코인 1개의 가격이 80만 원을 돌파했다. 1백만 원을 넘겠다는 의지가 강해 보인다. 당시 가격에 비트코인을 매수할 수 있었을까? 누군가는 매수하고 누군가는 매수를 망설이거나 아예 엄두조차 내지 못했다. 왜 이런 현상이 나타날까? 같은 가격인데 누군가는 매수하고 누군가는 매도한다. 시장은 늘 거래가 이루어진다. 시장은 살아 있다. 같은 가격에 누군가는 올라갈 것을 확신하고 매수한다. 누군가는 내려갈 것을 확신하고 매도한다. 두 사람의 마음이 극과 극이다. 현재 비트코인 가격은 80만 원이다. 분명히 누구도 쉽게 매수하지 못한다. 왜냐하면 비트코인 가격은 두 달 사이에 50만 원에서 60%가 올랐기 때문이다. 아무도 쉽게 매수하지 못하는 이유다.

▲ 투자의 기본은 앎과 믿음이다

위 두 사례는 꾸며낸 얘기가 아니다. 내가 비트코인을 알고 지금까지 지켜보며 경험한 사실이다. 비트코인은 5년 전에 80만 원이었다. 지금은 8,000만 원이다. 5년 전보다 100배 이상 상승했다. 당시 800만 원으로 비트코인 10개만 사두었다면 지금은 8억 원이 되었을 것이다. 8,000만 원을 투자했다면 80억 원 금수저가 되었을 것이다.

두 사례를 비교한 것은 여러 가지 의미가 있다. 8,000만 원은 두 달 전보다 60%가 올랐고, 5년 전 80만 원도 두 달 전보다 60%가 더 오른 가격이다. 그때나 지금이나 단기 급등한 것은 같은 조건이다. 그때는 지금보다 더 어려운 투자 시기였다. 지금의 8,000만 원보다 80만 원이 더 높은 가격으로 인식되었다. 당시 불확실성은 더 컸고 모두가 사기라고 했던 때다. 당시 80만 원을 투자해 비트코인을 산다는 것은 지금보다 훨씬 더 대단한 용기가 필요했다. 당시에 비트코인을 사면 뭔가 떳떳하지 않은 일을 하는 것 같았다. 사기꾼으로 인식되어 얘기조차도 하지 못했다. 지금은 많은 인식 변화가 생겼다.

블록체인을 알면 왜 암호화폐 투자가 쉬워질까?

위 두 사례가 명쾌한 답이다. 믿음이다.

2016년 비트코인이 50~80만 원 사이를 오갈 때 나는 암호화폐의 미래 비전에 대해 강의하고 있었다. '암호화폐는 사기다. 거품이다.' 모두가 우려했다. 그들은 비트코인이 무엇인지도 몰랐다. 블록체인이 무엇인지도 몰랐다. 그냥 대중에 이끌려 사기로 단정하고 색안경을 꼈다. 지금도 사기라고 한다. 이것만 봐도 당시 분위기가 어떠했는지 짐작할 수 있을 것이다. 비트코인 가격이 70만 원일 때, 7억 원까지 올라도 비싼 가격이 아니라며 확신하고 강의한 바 있다. 가격이 올라가야 하고, 또 올라가는 이유까지 설명했다. '암호화폐는 미래 법정화폐가 될 것이다. 언젠가 금고에 고이 모셔둔 미국 달러가 휴지가 되는 날이 온다.' 등 당시 참 많은 주장을 했다. 하지만 이렇게 빨리 급등 랠리가 올 줄은 몰랐다.

앞으로 암호화폐가 세상을 바꿀 것이라는 강한 확신으로 암호화폐를 찾아다니던 때였다. 앞서 언급했듯이 당시 코인을 찾으러 해외로 다니느라 경제적으로 여력이 없었다. 비트코인을 사서 묻어둘 만큼 자금 여력이 없었다. 되돌아보면 비트코인이 조정을 받으며 바닥을 칠 때마다 개인적으로도 매우 어려운 상황이었다. 암호화폐 채굴회사를 운영할 때도 법무부에서 거래소를 폐쇄할 수 있다는 강경한 입장을 발표했다. 언론에서 나오는 유명인들의 무지한 경고성 발언으로 대중의 마음은 흔들렸다. 최악의 상황이 벌어졌다. 투자하고 싶어도 투자를 하지 못하는 상황이었다. 당시 비트코인을 바라보는 시장 환경은 최악이었다. 그로 인해 회사는 운영을 중단해야 했다. 아쉬움은 컸지만 뒤늦게 성공하는 길을 찾아서 다행이다. 만족한다. 일이란 모두 때가 있다는 교훈을 얻었다.

블록체인을 알고 암호화폐에 투자한다는 것은 길을 알고 가는 것과 같다. 그만큼 쉬워진다는 것이다. 암호화폐는 블록체인을 기반으로 만들어진다. 블록체인은 신뢰를 기반으로 만들어진 기술이다. 믿음의 결정체다. 블록체인 기술이 처음 접목된 것이 비트코인이다. 블록체인이 처음으로 사랑한 것도 비트코인이다. 암호화폐 시장은 믿음의 크기만큼 돈을 벌 수 있는 곳이다. 알면 벌고 모르면 당한다. 나처럼 헛다리 짚지 마라.

나는 주식 경력만 20여 년이 된다. 10여 년간 주식 분석가로 활동한 적도 있다. 이렇게 주식으로 잔뼈가 굵어서, 처음에 비트코인에 입문할 때 '대중과 반대로 가라'는 주식 격언을 따랐다가 결국 시간만 허비하고 호된 경험을 했다. 대중이 다루는 비트코인보다 나은 코인을 찾아다니느라 많은 세월과 돈을 허비한 것이다. 주식과 암호화폐는 엄연히 다르다. 암호화폐가 통용되는 시대가 되면 안정화가 되겠지만 지금은 불안 요소가 너무도 많다. 적어도 지금은 그렇다. 주식 시장은 최소한의 안전판이 마련되어 있지만, 암호화폐 시장은 안전판 자체가 존재하지 않는다. 마땅한 법 조항도 제대로 마련되지 않은 사각지대가 많다.

암호화폐 시장은 주식 시장보다 훨씬 더 위험 요소들이 많다. 한탕주의가 만연한 곳이다. 그야말로 지뢰밭이다. 진정성이 있는 암호화폐를 찾아내고 가려내기란 불가능하리만큼 어렵다. 이러한 현실에서는 대중이 믿고가는 비트코인이나 이더리움 같은 믿을 수 있는 코인에 투자해야 한다. 그것이 그나마 소중한 나의 재산을 지키고 불려나갈 수 있는 최소한의 안전판이다.

무거워서 많이 올라가지 못한다 생각할 수도 있지만, 비트코인은 2018년 광풍 이후 300만 원까지 내려갔다가 지금은 그때 대비 30배 가까이 올랐다. 이더리움도 10만 원 이하에서 상승 전환 후 지금은 400만 원을 돌파했다. 40배가 올랐다. 이보다 더 강한 상승세를 보이는 투자처는 찾기 어렵다.

믿음의 크기는 매우 중요하다. 2018년 비트코인 광풍이 불 때 비트코인은 2,700만 원까지 급등했다. 그야말로 광풍이었다. 당시 2,700만 원에 비트코인을 매수해서 급락 흐름에 견디지 못하고 큰 손실을 감수하고 매도한 사람들이 많다. 2,000만 원, 1,000만 원, 300만 원으로 급락할 때 공포를 이기지 못했다. 결국, 큰 손실을 보고 매도했다. 그리고 기회의 땅 암호화폐 시장을 영원히 떠난 사람들이 많다. 이들은 대부분 불나방처럼 시세만 보고 달려들었다가 급락하자 놀라서 큰 손해를 보고 도주했다. 기회까지 버린 것이다.

하지만 암호화폐의 미래를 믿은 사람은 어려움을 잘 극복했다. 2,700만 원 고점에 물려서 고생은 했지만 3년 후 큰 수익을 내었다. 믿고 기다린 사람들은 적어도 블록체인을 알았던 사람들이다. 블록체인을 알고 미래를 믿었던 사람들은 2,700만 원에 사서 8,000만 원에 매도하거나 보유하고 있다. 200% 이상 수익이 났다. 300만 원에 매수한 사람은 2,400% 이상 수익이 났다. 블록체인을 믿었기에 시세 하락을 견딜 수 있었다. 블록체인을 모르는 사람들은 견딜 수가 없었다.

초행길 운전은 누구나 서툴다. 같은 길로 자주 다니다 보면 익숙해진다. 익숙해지는 만큼 운전이 쉬워진다. 알지 못하면 어렵고 힘이 들고 두렵다. 블록체인을 알면 암호화폐 투자가 쉬워지는 이유다. 투자는 믿음에서 출발한다. 믿음이 없으면 투자도 없다. 믿음이 없으면 잔파도에 휩쓸리기 쉽다. 힘들고 두려운 것은 불확실이 클 때다. 알면 두렵지 않다. 모르면 두렵다. 알면 물려도 기다릴 수 있다. 모르면 기다릴 수 없다. 암호화폐에 투자하기 전에 블록체인 기술부터 알아야 하는 이유다.

하락에도 흔들리지 않는
이해

비트코인은 2021년 4월 13일 8,000만 원을 고점으로 한 이후 급락하여 2022년 12월 30일에는 2,080만 원까지 하락했다. 무려 74% 이상 하락한 것이다. 실로 공포스러운 분위기가 연출되었다. 당시 1,000만 원까지 내려간다는 전망이 나올 때, 나는 2023년 1월 11일 유튜브 방송을 통해 비트코인을 매수할 최고의 기회라고 했다. 우연의 일치겠지만, 2,080만 원을 저점으로 반등하며 비트코인은 1억 원을 돌파했다. 불과 2년 11개월 만에 고점을 갱신하며 400% 급등한 것이다. 이러한 비트코인의 변동성을 이해하려면 블록체인을 알아야 한다. 신뢰 기반의 블록체인은 암호화폐 투자의 기초가 된다. 블록체인을 알면 암호화폐 투자가 쉬워진다.

알면 두렵지 않다. 모르면 두렵다.

알면 물려도 기다릴 수 있다. 모르면 기다릴 수 없다.

암호화폐에 투자 하기 전에

블록체인 기술부터 알아야 하는 이유다.

BLOCK CHAIN

제 2 장

블록체인,
새로운 미래가 왔다

REVOLUTION

01

블록체인은 인류의 미래다

♠ 1차, 2차, 3차, 그리고 4차 산업혁명

아주 오랜 과거, 철을 다룰 수 있는 기술이 등장했다. 철제 무기로 무장한 부족은 정복 전쟁에서 우위를 점할 수 있었다. 신기술을 보유한 쪽이 주도권을 잡았다. 신기술을 보유하면 권력과 부도 함께 따랐다. 블록체인 기술의 등장으로 또 한 번 역사는 큰 변화를 준비하고 있다.

인류의 역사는 끊임없이 진화해왔다. 편리한 방향으로 진화를 거듭했다. 그 결과가 오늘 우리가 살아가는 현실이다. 기술의 발전이 멈추지 않는다면 인류의 역사는 앞으로도 계속 진화해갈 것이다. 진화의 중심에는 늘 신기술이 등장했다. 신기술의 등장은 인류의 미래를 바꾸는 원동력이 되었다.

역사 발전의 큰 줄기를 살펴보면, 증기기관의 등장은 1차 산업혁명을 이끌었다. 대량 생산 시스템은 2차 산업혁명을 이끌었다. 인터넷의 등장은 3차 산업혁명을 이끌었다. 4차 산업혁명은 어떤 기술이 이끌 것인가? 바로 블록체인이다.

인터넷의 등장은 1차 산업혁명, 2차 산업혁명을 합친 것보다 더 큰 변화를 가져왔다. 지금 인터넷 없는 세상을 상상할 수 있는가? 상상할 수 없다. 인터넷이 마비되면 세상도 마비된다. 밥은 한 끼 굶어도, 인터넷은 한 시도 끊을 수 없다. 우리는 그런 시대에 살고 있다. 인터넷 없이는 온전한 생활을 할 수조차 없다. 이미 중독이 된 것이다. 인터넷이 삶에 미친 영향은 상상을 초월한다. 인터넷이 곧 삶의 주축이 되었다.

애주가가 술을 끊는 것은 매우 힘든 일이다. 애연가가 담배를 끊는 것도 매우 힘든 일이다. 중독되었기 때문이다. 나는 술, 담배를 끊었다. 의지로 끊었다. 그리고 잘 살아간다. 그런데 인터넷은 끊을 수 없다. 삶의 일부가 되었기 때문이다. 술과 담배는 끊어도 생활을 유지할 수 있지만, 인터넷을 끊으면 당장 스마트폰이며 은행 이체 등등 생활에 심각한 불편함이 발생한다. 인터넷은 삶과 직결되는 문제라 끊기 어렵다.

술, 담배 그리고 인터넷보다 더 중독성이 강한 놈이 나타났다. 바로 블록체인이다. 아무도 알지 못하고 느끼지 못할 뿐이다. 블록체인 하면 비트코인을 연상하는 것이 고작이다.

블록체인 세상은 이제 시작에 불과하다. 아직 제대로 시작도 안 했다.

그래서 블록체인이 없어져도 불편해할 이유를 찾지 못한다. 인터넷이 처음 보급될 때 우리는 인터넷이 없었지만, 생활에 전혀 불편함이 없었다. 잘 살아왔다. 지금은 어떤가? 그 편리함을 버리고는 생활할 수 없는 시대가 되었다. 인터넷 없는 세상은 많이 불편하고 답답할 것이다.

블록체인을 제2의 인터넷이라고 표현하기도 한다. 인터넷이 가져온 변화를 블록체인도 가져온다는 것을 암시하는 것이다. 블록체인은 아직 중독되지 않았다. 하지만 블록체인은 우리를 서서히 중독시키게 될 것이다. 블록체인 세상에서는 블록체인이 활용되지 않은 서비스는 존재하지 못한다. 블록체인이 활용되지 않은 서비스는 먹지도, 사지도 못할 것이다. 지금은 인터넷 없이도 살아가기 어렵다고 하는데, 곧 블록체인 없이 사는 것이 불가능한 시대가 된다. 블록체인이 구현하는 시대는 생활의 전반적인 편리성을 더하면서 투명성을 확보한다. 신뢰 사회가 만들어진다. 블록체인은 신뢰 그 자체다. 신뢰할 수 없는데 어찌 먹고 이용할 수 있겠는가? 그런 시대가 오고 있다. 블록체인은 인터넷보다 훨씬 더 편리하고 인간다운 삶을 살아가는 세상을 만든다. 블록체인이 인류의 미래라고 하는 이유다. 블록체인에 중독되면 생활이 아닌 생존과 직결되는 문제가 발생하는 시대가 온다.

블록체인은 1 · 2 · 3차 산업혁명을 합친 것보다 더 큰 변화를 가져오게 된다. 1 · 2 · 3차 산업혁명은 단순히 기술의 발전에 중점을 두었다면 블록체인은 신뢰를 기반으로 한 기술이다. 1 · 2 · 3차 산업혁명을 이끌었던 기술을 종합하는 융합 기술이다. 1·2·3차 산업혁명의 변화는 블록체인 기술이 나타나기 위한 예비적 기술 정도로 이해하면 된다. 블록체인은 고도로 기술이 발전한 사회를 만들고 모든 과정이 투명하게 기록되고 관리된다. 위조나 변조할 수 없는 사회가 된다. 투명한 사회는 인류의 장래를 밝게 한다. 소득 분배로 인한 불균형도 없어지고 모두가 풍요롭고 인간답게 살아가는 세상을 열어가는 핵심 키를 블록체인이 품고 있다. 그래서 열광하는 것이다. 현재 기득권은 그다지 좋아하지 않는다.

♠ 새로운 시대의 필요성

블록체인 기술은 4차 산업혁명 시대를 이끌 것이다. 지금보다 더 편리한 세상, 더 신뢰할 수 있는 미래가 온다. 인간의 힘든 노동은 로봇이 대신해준다. 인간 삶의 모든 생활 서비스가 블록체인화 되면서 신뢰를 더한다. 블록체인은 모든 것이 기록되고 투명하게 관리된다. 과거 기술 발전은 물질문명의 비대화를 가져왔다. 인권이나 신뢰는 뒷전으로 밀려 있었다. 인간미가 많이 사라졌다. 따뜻함이 사라졌다. 돈만 많이 벌면 왕이 되는 물질 만능주의에 빠졌다. 부자는 더 부자가 되고 가난한 사람은 더 가난해지는 빈익빈 부익부 현상은 날로 커졌다. 부정할 수 없는 사실이다. 기술 발전에 의존하는 물질 만능주의는 부의 격차를 벌렸고 불신 풍조가 만연한 사회가 되었다. 서로서로 믿지 못하는 세상이 되었다.

가진 자가 없는 자를 억압하는 사회 풍조는 위험 수위를 넘어서고 있다. 삶의 의미를 잃어가는 시대를 만들어냈다. 물질적으로 풍요해졌지만, 정신적으로 피폐해지고 상대적 빈곤은 커지고 상실감도 커졌다. 오죽하면 3포 세대(연애, 결혼, 출산), 5포 세대(연애, 결혼, 출산, 인간관계, 내 집 마련), 7포 세대(연애, 결혼, 출산, 인간관계, 내 집 마련, 희망, 꿈)라는 말이 생겼을까? 하나씩 하나씩 포기해가는 안타까운 현실이다. 손가락, 발가락, 팔, 다리를 하나씩 하나씩 잘라내는 것과 무엇이 다른가? 결국, 10포 세대, 20포 세대, N포 세대가 나올 것이다. 이러다 막장 드라마 같은 살인병기 세대가 나오지 말라는 법도 없다. 웃고 넘길 일이 아니다. 참으로 슬프고도 위험한 사회 현상이다. 기술의 발전으로 물질적 성장은 이뤘지만, 정신적 성장은 이루지 못했다. 정신이 미성숙한 사회가 된 것이다. 되돌아보고, 살펴보고, 반성하고, 정신적 성숙 방향을 찾아야 할 때가 왔다.

폭탄이 터지기 전에는 아무도 다친 사람이 없었다. 폭탄이 터진 후에는 생존자가 아무도 없었다. 열을 가하는 가마솥 안에 갇힌 개구리는 죽는 순간까지도 죽는다는 사실을 알지 못한다. 인류의 끝이 개구리보다는 나아야 하지 않겠는가? 생각해봤다. 블록체인 기술이 인류의 위험한 변화상을 구원하는 기술이기를 바라본다. 3포 세대, 5포 세대, 7포 세대로 절망감이 하나둘 늘어만 가는 카운트 시계가 7포 세대, 5포 세대, 3포 세대, 1포 세대, 0포 세대로 절망감이 하나씩 하나씩 사라지는 미래를 기대한다. 인간이 인간답게 살아가는 아름다운 미래를 블록체인이 열어가기를 바라본다. 꿈을 잃어가는 세대는 위기일발의 상황이다. 3포, 5포, 7포는 스스로 원해서 된 것이 아니다. 사회가 그렇게 만든 것이다. 이제 사회가 답해야 한다. 기성세대, 기득권층이 답해야 한다.

돈이 넘친다. 가난도 넘친다. 극과 극의 현상이다. 극단적인 삶이 공존하는 사회는 늘 불안하고 언제 터질지 모르는 시한폭탄과도 같다. 부의 재분배가 시급하다. 이를 제도적으로 만들기 위한 노력이 있지만, 턱없이 부족하다. 중앙화된 부의 집중화는 인류의 미래를 어둡게 한다. 탈중앙화를 통해서 부의 재분배가 이루어져야 한다. 과거는 물질문명의 성장을 이루는 데 집중했다. 미래는 정신 성장을 이루는 데 집중해야 한다. 인간을 위한 기술의 발전이 있어야 한다. 인류는 번영해야 한다. 멸망으로 가는 지름길은 극한으로 내모는 것이다. 투명한 사회를 만들면 비리가 없어지고 온기가 넘치는 세상이 온다. 블록체인은 현대인들에게 또 다른 변화를 요구하고 있다.

빅데이터가 모이고 있다. 이 데이터는 인공지능이 되어 인류의 미래를 열어가게 될 것이다.

내 것을 온전히 내려놓고 생각해보자. 내려놓는 것이 내 것을 온전히 지키는 길이다.

02

블록체인이 4차 산업혁명을 이끈다

▲ 4차 산업혁명이란 무엇인가

블록체인이 4차 산업혁명을 이끈다고 한다. 언론에서 자주 등장하는 말이다. 그런데 '도대체 무슨 말인지 이해를 하지 못하겠다.' 하시는 분들이 있다면 가볍게 접근해보자.

'혁명'이란 무엇인가? 단순한 의미는 '전복시킨다.'는 것이다.

'산업혁명'이란 무엇인가? 단순한 의미는 '산업을 전복시킨다.'는 것이다. '4차 산업혁명'이란 무엇인가? 단순한 의미는 '네 번째 산업을 전복시킨다.'는 것이다.

네 번째라고 하는 것을 보면, 이미 세 번의 산업혁명이 있었다는 것이다. 즉 세 번이나 전복시켰다는 얘기다. 산업에 큰 변화가 세 번 있었다는 것이다. 기존의 발전 속도를 크게 변화시키는, 즉 전복시킬 만한 기술이 등장하면 그것을 기점으로 나눠 1·2·3차 산업혁명이라고 말한다. 앞에서 말했다시피, 증기기관의 등장은 1차 산업혁명을, 대량 생산 시스템은 2차 산업혁명을, 인터넷의 등장은 3차 산업혁명을 이끌었다. 4차 산업혁명을 운운하는 것은, 산업혁명으로 구분할 만큼 큰 기술이 등장했다는 것이다. 4차 산업혁명은 어떤 기술이 이끌 것인가? 바로 블록체인이다.

⚓ 탈중앙화 사회의 도래

몇 차 산업혁명이라고 얘기하는 것은 그 당시에는 구분도 명확하지 않다. 칼로 무 베듯 경계가 지어지는 것도 아니다. 이렇게 그 시대를 살아가도 4차 산업혁명이 지나가고 5차 산업혁명이 가까워질 때쯤, 그때서야 비로소 4차 산업혁명을 이끈 주역이 블록체인이었음이 명확해질 것이다.

블록체인이 이끄는 4차 산업혁명 시대에는 어떤 세상이 열릴까? 궁금한가? 어렵게 생각할 필요는 없다. 지금보다 편리한 세상이 열린다. 지금보다 인간다운 삶을 살아가는 세상이 열린다. 블록체인 세상을 한마디로 요약하면 투명성이 확보된 신뢰하는 세상이다. 모든 과정이 블록체인에 기록된다. 물질의 풍요와 편리함은 기본이다. 원산지를 속일 수 없다. 인사청문회가 필요 없다. 인공지능이 1초 만에 검증해준다. 과거를 숨길 수 없다. 모든 것이 투명해진다.

지금의 삶이 인간답지 않다는 말은 아니다. 다만 부의 분배가 균형을 이루지 못해서 돈은 넘치는데 빈곤도 넘치는 사회라는 것이다. 이러한 문제가 제도적으로 개선이 되리라는 것이다. 4차, 5차, 6차 산업혁명을 거치면서 인류의 삶은 풍요롭게 진화할 것이다. 인간은 혼돈과 역경이 있어도 나아지는 방향으로 나아가고자 한다. 본능이다. 결국 세상은 인간이 원하는 방향으로 나아가게 될 것이다. 중앙집권화된 권력과 부는 탈중앙화로 분산되고 재분배가 이뤄질 것이다.

블록체인이 인류의 미래라고 하는 이유가 여기에 있다. 블록체인은 단순한 기술이 아니다. 미래의 인류를 구속으로부터, 억압으로부터, 가난으로부터, 비인간적인 것으로부터 구해줄 멋진 기술이다. 기술이기 이전에 철학을 담고 있다. 알면 알수록 참 멋진 블록체인이다.

블록체인이 이끄는 4차 산업혁명은 빅데이터가 핵심 키다. 데이터가 모이면 빅데이터가 된다. 빅데이터는 인공지능을 탄생시킨다. 빅데이터가 없으면 인공지능도 탄생하지 않는다. 결국, 데이터가 모여야 가능하다. 블록체인은 완성된 그림으로 볼 때 아직은 걸음마 단계에 있다. 아기가 뒤집기 하는 단계일 수도 있다. 그만큼 초기라는 것이다.

4차 산업혁명이 늦어지는 이유는 소유욕 때문이다. 자기 것을 지키고자 하는 이기적인 발상에서 시작된다. 물론 현실적인 생존과 직결되는 문제이기도 하다. 그래서 쉽게 공유하지 못한다. '내 기술은 내가 독점한다. 나만이 최고다. 내가 미래를 이끈다.' 이런 생각이 정보 공유를 늦추고 막는다.
그러나 모두가 모여야 시너지 효과가 난다. 각자가 소유한 데이터를 내놓지 않으면 데이터는 분산되고 모이지 않는다. 아직 블록체인 세상을 제대로 인식하지 못하고 3차 산업혁명 끝자락의 생각으로 살고 있는 것이다.

인간은 이기심 때문에 불가항력을 만나기 전에는 가진 것을 쉽게 내려놓지 못한다. 백기 들고 투항하는 시점이 되어야 내려놓는다. 소유에 대한 이기심은 결국 시간 속에서 무너진다. 무너지지 않으면 도태된다.

소유가 공유로 바뀌면서 4차 산업혁명은 본격화된다. 4차 산업혁명은 공유경제 사회를 만든다. 많은 것들이 공유된다. 자동차도 공유된다. 자동차가 많이 필요하지 않다. 자율주행차가 활개를 치고 다녀도 교통체증이 발생하지 않는 그런 시대가 온다. 모든 것이 공유되는 시대가 온다. 기술의 발전으로 인간이 하던 많은 일을 기계가 해주는 시대가 온다. 빅데이터가 만들어낸 인공지능 로봇은 스스로 학습하는 기계다. 인간과 공존하는 시대, 바로 그런 시대가 온다.

▲ 블록체인 기술의 철학과 미래

인간은 누구나 행복하게 살기를 바란다. 과거 인간의 삶은 권력이 지배하는 구조 속에서 많은 억압을 받았다. 소수는 행복했다. 대중은 행복한 척했다. 아파도 아프다고 말할 수 없었다. 절대 행복하지 않았다.

행복을 찾고야 말겠다는 강한 소망이 블록체인을 만들어냈다. 중앙화를 탈중앙화로 바꾸는 것이다. 인류 역사상 아무도 꿈꾸지 못한 세상이 온다. 권력으로부터 탈출하는 것이다. 가난으로부터 탈출하는 것이다. 기득권층이 볼 때 있을 수 없는 일이다. 민중 봉기와 같다.

소수가 사회를 이끌고 인간을 지배하는 시대는 끝났다. 인류는 스스로 행복해지는 길을 찾아 나섰다. 작은 불씨 하나가 산불로 번지고 지구촌 전체에 번지게 될 것이다.

이것이 블록체인에 감춰진 진정한 철학이고 비전이다. 소수 지배층이 보았을 때 무서운 일이다. 이를 그냥 두고만 보고 있을까? 그들의 입장에서는 어떻게든 막아야 한다. 그런데 쉽게 막을 수가 없다. 세상이 블록체인을 앞세워 4차 산업혁명을 부르짖고 있기 때문이다.

이것은 혁명이지 않은가? 어떻게 해야 하겠는가? 충격을 최소한으로 줄이고 그 충격의 시점을 늦추는 것만이 유일한 선택지다. 어쩔 수 없이 가진 것을 내려놓는 상황이 벌어질 것이다.

블록체인이 4차 산업혁명을 이끌기를 바라는 소망은 인간의 미래를 풍요롭게 할 것이다. 조금 더 편리한 세상, 기계가 좀 더 똑똑한 세상이 오는 것이다. 이런 시대를 블록체인 기술이 이끈다. 블록체인은 단순한 기술이 아니다. 인류의 미래를 그려갈 인간의 철학이 담겼다. 따뜻함이 담겼다. 사랑이 담겼다. 그래서 우리는 블록체인을 사랑할 수밖에 없다. 4차 산업혁명을 지나 5차 산업혁명 시대가 오기를 바란다. 4차 산업혁명 시대가 온다고, 블록체인 세상이 온다고, 호들갑 떨지 않아도 된다.

3차, 4차, 5차…. 삶의 질과 행복이 커지는 세상으로 변해가는 과정이 진행되고 있을 뿐이다. 1%가 앞서가고 99%는 따라가는 시대는 블록체인이 끝낸다. 미래 앞에 선 우리는 블록체인을 어떻게 활용할 것인가를 고민하면 된다. 분명히 기억해야 할 것은 '4차 산업혁명'이라는 점이다. 혁명은 예고하고 오지 않는다. 미리 준비할 때 가치가 크다.

03

환전 없이 전 세계를 여행한다

♠ 돈은 약속이고 제도이다

서랍장을 열었다. 동그란 것들이 많이 들어 있다. 둥근 모양, 톱니바퀴 모양, 크기도 다양하다. 그림도 있다. 얼굴도 있다. 알지 못하는 숫자와 무늬도 있다. 은으로 만들어졌다. 은이 아닌 재질도 있다. 이게 다 뭐지? 알지 못하는 것들이 가득하다. 이것들이 뭘까? 생각해본다. 오래 생각하지 않아도 이내 돈이라는 것을 안다. 은화다. 은으로 만든 돈이다. 돈! 돈! 돈이다. 은으로 만든 돈, 동전이다.

'내 서랍에 갇혀 있는 돈들은 어디서 내 서랍으로 이주해왔을까?' 생각해본다. 해외여행을 다녀온 사람들은 서랍에 외국 동전 하나쯤은 갖고 있다. 없다면 알뜰족이다. 알뜰하게 써도 현금을 쓰면 거스름돈을 받기에 꼭 동전이 생긴다. 잔돈이기에 가치는 거의 없다. 그러다 보니 현지에서도 동전 대신 종이돈으로 결제를 하고 잔돈은 아무 데나 넣어둔다. 동전은 나도 모르게 포로가 되어 집까지 따라왔다. 이렇게 모은 동전이 서랍에 제법 쌓인다. 이렇게 생긴 동전은 사용처가 없다. 입국 때 공항에서도 동전은 환전이 안 된다. 요령이 생긴 사람들은 동전 지갑을 따로 가지고 다니며 알뜰살뜰 쓰거나 면세점에 들리는 등의 방법을 쓰지만 정신없는 시간을 보내고 여행에서 돌아와 주머니를 털면 동전이 수북이 나온다. 여기저기 가방에서도 쏟아져 나온다.

그러면 '이 돈들이 언제 떠날까?' 생각해본다. 떠나지 않을 것 같다. 아니다. 언젠가는 떠날 것이다. 하지만 은돈이 태어난 고향으로 돌아가지는 못할 것이다. 영원히 돌아가지 못할 것이다. 돌아가고 싶어도 돌아가지 못한다. 미안하지만 어쩔 수 없다. 저들을 가둔 것은 내가 아니라 돈을 만든 제도다. 저렇게 버려두다 버린다 해도 나는 죄가 없다.

인간의 삶을 편리하게 만들기 위해 만들어진 것이 돈이다. 인간의 노동을 줄여주었다. 노동은 줄이고 편리함을 더했다. 물물교환에서 간편한 결제 시스템을 추구한 것이 돈의 진화, 화폐의 진화다. 화폐의 진화는 무거운 물건을 들고 다니지 않아도 편리한 거래를 할 수 있게 했다. 이 얼마나 대단한 발상인가? 그렇게 화폐의 역사는 시작되었고 발전해왔다.

화폐는 신뢰를 기반으로 만들어진다. 신뢰하지 못하면 화폐로 인정받지도, 사용하지도 못한다. 화폐에도 힘이 작용한다. 힘이 있어야 화폐를 발행한다. 힘이 있는 자가 발행해야 믿고 사용한다. 국가가 생겨나면서 국가마다 화폐를 발행했다. 힘이 있는 국가가 힘이 없는 국가보다 신뢰도가 높다. 국가가 망하면 화폐도 휴지가 되기 때문이다.

♣ 환전의 불편함과 화폐 통합

한 기사에 따르면, 해외여행 후에는 기념품보다 외국 동전을 더 가지고 있게 된다고 한다. 이 소액 외화를 소비하지 못하고 돌아오면 애매하게 된다. 한국에서 소액 외화를 환전하기 어려울 뿐만 아니라 환전할 수 있더라도 50%를 수수료로 떼기도 하기 때문이다. 이 때문에 국내의 가정마다 있는 소액 외화를 합치면 수천억 원에 이른다고 한다.

잔돈만 문제가 아니다. 해외여행을 갈 때 꼭 챙기는 것이 있다. 여행지 돈으로 환전을 해야 한다. 요즘은 카드로 결제하는 경우가 많지만, 여행 중에 현금 결제가 필요한 때도 있기에 일정 금액은 현금으로 바꿔가야 한다. 현금으로 바꿀 때 환율이 적용되어 교환된다. 돈이 달러인지, 엔화인지, 위안화인지에 따라서 환율 적용이 다르다.

우리나라 돈을 달러나 위안화, 엔화 등 외화로 환전할 때 은행들은 저마다 다른 '환전 수수료'를 적용한다. 여행을 가자면 환전은 반드시 해야 한다. 여행객은 울며 겨자 먹기로 환전 수수료를 내고 환전을 한다. 은행들은 외화를 들여와 수수료를 얹어 여행객들에게 판매하면 된다. 물건을 사다가 이익을 남기는 장사와 다를 게 없다. 여행객은 돈을 돈으로 바꾸는 데 비싼 수수료를 내야 한다. 은행은 무조건 이익이 남는다. 상하는 물건도 아니고 재고도 없다. 거래가 발생하면 무조건 이익이 난다. 하나의 화폐를 전 세계가 사용하면 이런 불합리함은 없어진다. 여행객이 이유 없는 손해를 보지 않게 된다. 그런 화폐가 등장하기를 바라는 사람들이 늘어나고 있다.

여행에서 돌아와 남은 돈은 다시 한국 돈으로 바꾸어야 한다. 환율을 적용한 비용을 지급해야 한다. 한국 돈을 외국 돈으로 바꿔서 여행하고 한국에서 다시 외국 돈을 한국 돈으로 바꾸면 전혀 사용하지 않았어도 손실이 나는 구조다. 어이가 없고 화가 나지만 어쩔 수 없다. 이것이 규칙이기 때문이다.

비용을 주고 돈으로 돈을 산다. 뭔가 좀 우스꽝스러운 광경이다. 지구인들은 늘 해오던 일이라 이상하다고 생각하지 않는다. 외계인이 이 광경을 바라본다면 참으로 이해하기 어려울 것이다.

모두 지구촌이다. 하나의 화폐를 써도 된다. 왜 안 되겠는가? 외국은 거리상 좀 멀 뿐이다. 부산과 서울이 확대되었을 뿐이다. 그런 세상이 오고 있다. 세상에 화폐 종류가 많아야 할 이유가 없다. 한국에서 미국에 가는데 10분이 걸리는 세상이 온다면 화폐 종류가 왜 달라야 하는가? 하나로도 충분하다.

♠ 미래의 단일화폐와 암호화폐의 역할

지금의 화폐 제도는 다양한 문제점을 안고 있다. 이제는 한 단계 도약하고 진화할 때가 되었다. 화폐는 진화를 준비하고 있다. 블록체인이 비트코인을 전면에 내세우고 세상을 향해 소리치고 있다. 기득권 반발이 만만치 않다. 어떻게든 죽이려고 한다. 힘 있는 국가일수록 두고만 보지 않으려고 한다. 당장 현실화하면 미국은 총체적 난국에 빠질 것이다. 세계는 달러를 기축통화로 사용하고 무역한다. 단일화폐로의 통일은 혼란이 발생할 수밖에 없다. 하지만 미래에 반드시 통합되어야 하는 일이다.

암호화폐가 기축이 되는 시대가 오고 있다. 이런 흐름을 부정하거나 바꿀 수 없다면 늦추기라도 해야 한다. 대비는 해야 한다. 각 국가는 자국의 암호화폐를 전면에 두고 싶어 한다. 미국도, 중국도, 일본도, 모두가 그렇다. 최종적으로 세계에서 가장 많이 사용되는 기축 암호화폐가 무엇이 될지는 아무도 알 수는 없다. 국가가 아닌 민간이 만든 암호화폐가 기축통화가 될 확률이 더 높다고 본다. 이유는 유통 과정 때문이다. 이 부분은 나중에 설명하겠다. 분명한 것은 그런 세상이 온다는 것이다. 그런 화폐는 결국 위변조가 불가능한 블록체인을 기반으로 만들어진 것이다. 즉 암호화폐다. 천년대계를 준비하는 일이다. 암호화폐로 전 세계 패권 국가가 바뀔수도 있다.

국가의 횡포에 더 휘말리고 싶지 않아서 만들어진 것이 비트코인이다. 사토시가 비트코인으로 훅 치고 들어온 것이다. 기득권은 당황스러운 일이다. 처음에는 애써 외면했다. 그러나 점점 확산세가 커지고 있다. 잠시 꺼지는 듯 주춤하더니 다시 거세게 불기둥이 솟아오르고 있다.

전 세계가 비트코인 불바다가 되고 있다. 쉽게 꺼질 기세가 아니다. 외면하는 것으로 잦아들 것 같지 않다. 무관심, 규제, 협박이 통하지 않는다. 회유도, 협박도 안 된다. 그냥 무시하기에는 너무 위협적이다. 받아들이기로 한 분위기다. 받아들이더라도 서서히 충격을 줄이고 생각할 시간을 벌려고 한다. 다양한 방법을 생각해본다. 아직은 뾰족한 수가 없다. 하지만 급하다. 아직은 결제 시스템이 완전하지 않기에 대비할 시간은 있다. 통제할 수 없다는 것을 안다. 결제 시스템은 이미 많이 준비되고 있다. 결제 시스템이 완성되는 날, 금방 훅 치고 들어올 것이다. 그날이 오면 비트코인 가격이 얼마나 갈까? 뒤에서 생각해보기로 한다. 얼마를 생각하든 그 이상이 될 것이다. 놀라운 가격이 된다.

한 번에 여러 국가를 여행해야 하는 세계여행을 갈 때 다양한 국가의 화폐를 보유하고 가야 한다. 이 얼마나 불편한가? 암호화폐가 기축통화가 되는 날이 온다. 그런 날이 오면 환전의 불편함은 없어진다. 블록체인이 만들어낸 비트코인이 그런 세상을 만들기 위해 출사표를 던졌다. 비트코인과 수많은 암호화폐가 전 세계 단일 화폐 사용을 위해 서막의 깃발을 올렸다. 실생활에 사용되는 비트코인이 등장했다. 비트코인은 시작에 불과하다. 비트코인이 아니더라도 암호화폐가 국제적으로 인정되고 사용이 된다면 여행 갈 때마다 환전하는 번거로운 일은 없어진다. 멀지 않았다. 그날을 준비해야 한다. 반드시 그날이 온다. 암호화폐가 많이 퍼지고 사용되어야 한다. 암호화폐를 전 세계인들이 알고, 보유하고 실생활에서 사용하도록 해야 한다.

04

비트코인은 더 이상 규제할 수 없다

⚲ 비트코인 채굴의 시작과 초기 인식

2017년 암호화폐 채굴장을 운영할 때의 일이다. 국내 최고의 시설을 갖춘 대형 암호화폐 채굴장이었다. 당시 채굴장에서는 비트코인, 이더리움, 이더리움클래식, 대시, 라이트, 모네로, 시아코인 등 다양한 코인을 채굴하고 있었다. 고객의 채굴기를 위탁받아 운영하는 구조였다. 관리비를 받고 암호화폐를 채굴해줬다. 채굴된 코인은 실시간으로 고객이 이용하는 거래소 개인 지갑으로 전송되는 시스템이었다. 당시 고객들은 교수, 변호사, 세무사, 법무사, 회사 대표이사, 일반인 등 아주 다양했다. 전반적으로 의식이 깨어 있는 지식인 그리고 경제적으로 여력이 되는 사람들이 많았다. 그만큼 정보를 빨리 받아들인 탓일 것이다.

당시 암호화폐에 관심이 많은 교수님들이 단체로 채굴장 견학을 왔다. 생전 처음 채굴장을 본다며 모두 신기해했다. 기념촬영도 하고 채굴장 운영 원리와 암호화폐 구조를 설명해드렸다. 당시 나 역시 깊이 있는 내용을 알지 못했다. 암호화폐에 관한 깊은 연구가 되지 않은 시기였다. 나 말고도 대부분의 사람들이 암호화폐의 속성을 제대로 알지 못했다. 돈이 된다는 인식에서 채굴에 참여한 분들이 대부분이었다. 그렇게 암호화폐는 세상을 향해 한 발 한 발 나아가던 시기다.

한 번은 교수 두 분이 암호화폐를 채굴하겠다고 채굴장을 방문했다. 채굴장을 둘러보고 사무실에서 긴 시간 대화를 나눴다. 대화 중에 교수님이 말씀하셨다.

"비트코인이 아무리 수익이 높아도 결국 국가에서 규제하고 막아버리면 끝이다."

아주 당연하다는 듯이 자신 있게 말씀하셨다. 결국 비트코인은 불법이고 사회악이라고 인식하고 계셨다. 그래서 우려를 표하셨다. 그런 생각으로 왜 채굴장을 방문했을까? '돈이 되려나? 혹시나 다른 내용이 있나?' 해서다. 나는 즉시 답변을 드렸다.

"비트코인은 한때 유행하다 흘러가는 그런 단순한 물건이 아닙니다. 미래의 화폐가 되기 위해 나온 것입니다. 규제하려고 해도 이미 그 선을 넘었습니다. 절대 규제할 수가 없습니다. 이미 전 세계적으로 추세가 만들어졌고 한국에서 규제한다고 규제가 될 수도 없습니다."

설명을 다 들으시고 그분들은 먼저 채굴기 10대를 구매해 채굴을 시작하기로 했다. 그 후 여러 교수분이 채굴에 참여하도록 소개도 많이 해주셨다.

암호화폐 붐이 불 때 대부분 돈을 보고 채굴을 시작했다. 비트코인이 품고 있는 야망을 알지 못했다. 당시 비트코인 가격은 500만 원을 오르내리고 있었다. 2021년 5월, 현재 비트코인 가격은 8,000만 원을 넘었다. 당시 30만 원 하던 이더리움 가격은 400만 원을 돌파했다. 내가 이더리움을 처음 접했을 때 가격은 고작 10,000원 전후였다. 그때를 생각하면 헛웃음만 난다. 이렇게 단기에 폭등할지는 아무도 몰랐다. 당시 1,000만 원만 이더리움에 투자했다면 지금은 40억 원이 되었을 것이다. 물론 그때 투자를 했더라도 굴곡이 큰 쓰나미 파도를 견디지 못하고 내렸을 것이다. 지금 가격이 훗날 또 그런 결과를 낼지도 모른다. 당시 교수들뿐만 아니라 일반인들도 대동소이한 견해를 갖고 있었다. 그로부터 4년이 흐르고 있지만, 여전히 비트코인의 가치와 비전을 알지 못하는 것은 별반 차이가 없다. 일부 소수가 깊이를 알 뿐이다. 그만큼 무지한 상태에서 암호화폐 채굴이 시작되었다.

비트코인의 미래 비전을 모두가 알게 된다면 암호화폐로 돈을 버는 기회도 한순간에 사라지게 된다. 병목 현상으로 긴 터널을 쉽게 빠져나가지 못하고, 암호화폐가 가고자 하는 미래로 가는 길이 더 험난하게 될지도 모른다. 이렇게 천천히 알려지는 것도 비트코인의 장래에 큰 도움이 된다. 물론 지금 시세도 폭주에 가깝지만 그래도 일반인 모두가 느끼지 못할 정도로 잘 조율해가고 있다.

비트코인의 비전을 알아채는 순으로 탑승 기회를 주고 있다. 아는 사람 순서로 부자가 되고 있다. 나는 부의 추월차선에 타고 있다. 다행한 일이다. 질서를 유지하면서 세상이 변하고 있다. 변화를 느끼는 사람부터 부자가 되어간다. 블록체인 세상은 그렇게 오고 있다.

⚓ 암호화폐를 규제하려는 시도들

2018년, 암호화폐 광풍이 불었다. 그러나 암호화폐는 도박이라며 암호화폐 거래소를 폐쇄하겠다는 발표는 시장에 큰 충격을 안겨주었고 전 세계가 주목하던 한국의 암호화폐 시장도 얼어붙었다. 암호화폐 채굴장을 운영하던 나에게는 사형선고와 다름없었다.

그날 이후 비트코인 가격은 2018년 1월, 최고가는 2,700만 원을 고점으로 확인하고 300만 원대까지 급락했다. 이때 많은 사람이 암호화폐로 암울한 경험을 했다. 정부의 강력한 규제 의지는 흐지부지되었고 3년이 지난 지금 비트코인 가격은 8,000만 원을 돌파했다. 2018년에 투기라며 막아서려 했지만, 그 바람은 엔진을 달고 더 강하게 튀어 올랐다. 누르면 누를수록 강하게 반발하는 비트코인의 행보는 더 막을 수 없다. 내리치는 단두대의 칼날을 막아선다면 그냥 두 동강이 날 뿐이다. 거래소는 폐쇄하지 못했고 투자 열풍은 더 커졌다. 과연 투자일까? 투기일까? 이는 역사가 증명할 것이다.

당시 암호화폐 열풍에 찬물을 끼얹은 또 하나의 사건이 있었다. 유시민 작가가 TV에 출연해서 한 발언이다. 그 발언은 정부 입장에 힘을 실어주며 많은 국민의 호응을 얻었다.

"비트코인은 엔지니어가 만들어낸 장난감으로 폭탄 돌리기가 끝나고 마지막 소유자는 망할 것이다. 인간의 어리석음을 이용해 누군가 장난쳐서 돈을 뺏어 먹는 과정이다. 허황한 신기루를 좇는 것이다. 비트코인이 추구하는 목적은 이루지 못할 것이다."

당시 TV 방송에서 비트코인을 놓고 뜨거운 끝장토론이 있었다. 유시민 작가와 다른 패널도 있었다. 그중에 카이스트 정재승 교수도 있었다. 유시민 작가는 "본인은 문과생이기에 기술적인 부분은 모르지만 무조건 사기다."라며 강하게 주장했다. 논리적인 근거 없이 튤립 버블에 비추어 그냥 밀어붙이기 주장이었다. 4차 산업혁명을 이끌어갈 블록체인 기술이 최초로 접목된 비트코인 논쟁에서 카이스트 교수는 비전문가의 능변을 넘지 못했다. 참으로 아이러니하지 않은가? 기술을 놓고 문외한이 전문가를 이긴 것이다. 모르는 것에 대해 쓸데없이 논쟁하지 말라. 이런 논쟁에서 이기는 방법은 논쟁하지 않는 것이다. 그날 카이스트 교수는 이 말을 생각했을지도 모른다. 아마 그랬을 것이다. 역사가 증명해줄 테니까, 이기는 것을 보류했을 뿐이다.

▲ 미래 화폐의 불가피성

참으로 세월이 빠르다는 생각을 해본다. 얼마 전까지만 해도 암호화폐를 불법으로 규정하고 거래소를 폐쇄한다, '돌멩이다, 장난감이다, 사기다.'라며 부정적인 관점으로 일관하던 정부의 견해가 조금씩 바뀌고 있다. 이제 자산으로 보겠단다. 내년부터 정부는 가상자산 소득에 대해 세금도 부과한다. 정부는 이를 위해 업계의 과세 인프라 구축을 위한 사전 안내 및 전산 연계 작업 등을 차질 없이 추진한다는 방침이다. 소득이 있는 곳에 세금이 있다는 원칙에 따라 이제 암호화폐로 수익을 내면 세금을 내야 한다. 내재 가치는 없다고 하면서 세금은 내라고 한다. 지난날의 잘못된 시각으로 피해본 사람과 업체들은 하소연할 곳이 없다.

블록체인은 미래를 열어갈 기술이다. 그 기술이 먼저 세계 화폐부터 통일하기 위한 작업에 들어갔다. 비트코인이다. 블록체인을 규제할 수 없다면 비트코인도 규제할 수 없다. 규제해서도 안 된다. 미래를 막아서는 것이다. 금융회사의 탐욕으로 화폐를 무분별하게 찍어낸 양적 완화 정책은 2007년 글로벌 금융위기를 가져왔다. 일반인들만 고스란히 피해를 봤고 이에 불만이 커진 일반인들이 블록체인을 기반으로 비트코인을 탄생시켰다. 신기술인 블록체인은 비트코인으로 시작되면서 기존의 규제와 충돌하고 있다. 하지만 블록체인과 암호화폐는 억지로 막을 수 없는 기술이다. 인류의 미래를 책임져줄 중요한 기술이다. 블록체인과 암호화폐의 연관성을 제대로 이해해야 블록체인도 암호화폐도 발전해갈 수 있다.

블록체인과 비트코인(암호화폐)은 한 몸이다. 둘은 양분될 수 없다. 양분하는 순간 블록체인이 아니다. 이를 인지하는 데 많은 시간이 걸리고 있다. 안타까운 일이다. 다른 나라는 앞을 다투어 블록체인과 암호화폐를 연구하고 있다. 규제 공화국답게 우리는 쇄국정책으로 일관하고 있다. 쇄국의 결과는 나라를 잃는 것이다. 지배를 받는 것이다. 역사는 되풀이된다. 하지만 아픈 역사를 되풀이해서는 안 된다. 후손들이 어깨를 펴고 해외로 나다니는 그런 나라를 지금 준비해야 한다. 비트코인을 규제하는 나라는 미래가 없다. 비트코인은 미래 화폐를 만들어내기 위한 민중 봉기와 같다. 국가가 아닌 개인이 화폐를 만들어 통용하는 미래가 열리고 있다. 국민의 먹거리를 빼앗지 말라. 나라의 먹거리다. 세계로 눈을 돌려야 한다. 근시안은 국민을 사지로 내몬다. 시대의 흐름을 읽어내고 미래로 나아가는 대한민국이기를 바란다.

암호화폐의 침투는
이미 시작됐다

비트코인은 탈중앙화된 특성 때문에 기존의 금융 규제를 넘어서는 독자적인 길을 걷고 있다. 이제는 비트코인을 단순히 금지하거나 규제하는 것으로는 그 성장을 막을 수 없다. 글로벌 차원에서 암호화폐의 영향력이 커지고 있으며, 이는 새로운 경제 질서를 형성하는 주요 요소로 작용하고 있다. 최근 비트코인이 현물 ETF 승인을 받으며 제도권으로 진입한 것은 그 영향력을 더욱 확대시키는 계기가 되었다. 이러한 발전은 비트코인을 강력한 신뢰 자산으로 자리매김하게 할 것이다.

2022년부터 암호화폐 소득에 대해 세금을 부과하겠다는 정부의 입장은 여러 차례 연기되었고, 최근 2027년부터 적용하겠다고 발표하였다. 정부는 소비자 보호와 투명성 확보를 위해 추가적인 준비가 필요하다는 입장으로, 앞으로 암호화폐 시장에 대한 규제가 보다 신중하게 이루어질 것으로 예상된다. 암호화폐 투자자들에게는 다소 안도감을 주는 소식이다.

암호화폐가 현존 화폐를 대체하여 주된 기축통화가 되면, 단순히 암호화폐를 보

유한 것만으로 세금을 부과하기 어려울 것이다. 화폐 자체는 소득을 발생시키지

않기 때문이다. 보유 현황을 알 수 있더라도, 단순 보유에 대해 과세하는 것은

현실적으로 불가능하다.

05

영토 없는 국가가 탄생한다

♠ 영토 없는 국가의 가능성

영토가 없는 나라가 존재할 수 있을까?

세상에서 가장 작은 나라는 어디일까? 얼마나 작을까? 인구는 얼마나 될까? 대부분은 세상에서 가장 작은 나라로 바티칸시국을 꼽을 것이다. 이곳은 교황이 다스리는 곳이다. 바티칸시국은 이탈리아의 로마 북서부에 있다.

"바티칸시국의 전체 주민 수는 2019년 기준으로 825명이다. 이 중 바티칸 시민권자는 618명으로 교황 1명, 해외에 파견된 외교관 319명, 근위병 104명, 추기경 70명, 기타 교황청 봉사자와 가족 124명으로 구성되어 있다. 나머지 주민 207명은 비(非)시민권자로 바티칸 내에서 사는 사람들이다."

825명이 살고 있는 나라가 있다니! 놀랍지 않은가? 참 신기하다. 4인 가족 기준으로 주거를 계산해봤다. 층별로 네 가구가 산다고 가정할 때 50층 건물 하나만 있으면 전 국민이 들어가 살 수 있다. 얼마나 작은 규모인지 짐작이 간다.

세상에서 가장 작은 나라는 바티칸시국으로 알려져 있지만, 더 작은 나라가 있다. 국가는 영토, 국민, 주권의 3요소가 갖춰진 정치 단체다. 국가가 세워지려면 기본적으로 영토, 국민, 주권이 있어야 한다. 그런데 영토가 없는 국가가 탄생한다. 영토는 없고 국민과 주권만 존재하는 나라가 탄생한다.

로마의 한 건물을 영토로 인정받고 있는 나라가 있다. 세계에서 가장 작은 나라는 바로 '몰타기사단'이다. 현재 이탈리아 내에 있다. 무려 100여 개국과 외교 관계를 맺고 있다. 전 세계 10여 개국에 대사관을 두고 있다. 미국, 중국, 인도에서는 주권 국가로 인정을 받지 못하고 있지만, 유럽, 아프리카, 남아메리카에서는 주권 국가로 인정받고 있다.

미래에 영토 없는 국가는 지속해서 늘어날 것이다. 상식적으로 이해가 쉽지 않은 부분이다. 영토가 없는데 어떻게 국가가 존재할 수 있는가? 블록체인이 등장했기에 가능한 것이다. 블록체인이 미래를 열어간다. 영토 없는 국가의 탄생은 필연적이다.

'몰타기사단'은 건물 하나라도 땅(영토)이 있고 건물이 있다. 이 정도는 양반이다. 미래에는 어떤 세상이 펼쳐질까? 다음 기사를 보면 영토 없는 나라의 탄생을 예감할 수 있다.

♨ 에스토니아와 디지털 영주권

팔레(Pile)는 그녀의 스마트폰 알람 소리에 잠이 깼다. 모닝커피를 즐기러 주방에 가니 그녀의 스마트폰에 내장된 가상 도우미인 헷지호그 (Hedgehog, 고슴도치)가 아침 인사를 건넸다.

"안녕하세요. 주인님! 주인님에게 10개의 메시지가 왔네요."

"중요한 메시지가 있니?"

팔레가 헷지호그에게 물었다.

"하나 있네요. 구청에서 안내문이 발송되었는데, 주인님의 여권이 6개월 후에 만료된다네요."

"아직 기한이 좀 남았네. 헷지호그, 여권의 재갱신 만료일 한 달 전으로 갱신 일정을 맞춰줘."

"알겠습니다. 그런데 지난주 주인님이 태국행 항공권을 구매했어요. 태국에 입국하려면 6개월 이상의 유효기간이 필요한 여권이 있어야 한답니다. 지금 새 여권을 신청하는 게 어떨까요?"

"그게 좋겠네, 그렇게 해주렴. 헷지호그."

"네, 지금 제가 구청 홈페이지에 접속해서 여권 신청을 할게요. 그런데 여권을 신청하려면 주인님의 개인정보가 필요하답니다. 주인님의 지문과 비밀번호를 입력하세요."

팔레는 스마트폰 센서에 그녀의 손가락을 갖다 대었다. 잠시 후 신호음이 들렸다.

"잘하셨어요. 다음으로 카메라를 바라보세요."

팔레는 카메라 버튼을 눌렀다. 그 순간 여권 사진으로 저장되어 전송되었다. 그런데 헷지호그는 잠시 기다리다가 이야기를 꺼냈다.

"구청에서 다른 사진을 요청하네요. 아마도 주인님이 사진을 찍을 때 웃지 않아서 그런 듯합니다. 다시 한 번 사진을 찍어야 할 것 같네요."

팔레는 한 번 더 사진을 찍었고, 새로운 사진이 구청으로 전송됐다.

"다 되셨습니다. 여권은 집으로 일주일 내 발송된답니다."

헷지호그는 상황을 짧게 설명했다.

"우리의 디지털 정부는 참으로 간결하고 쉽다는 말이지."

팔레는 그렇게 중얼거리며 아직 식지 않은 커피를 마시기 시작했다.

위 이야기는 2020년 2월 24일 에스토니아 정부가 발표한 인공지능 전략인 '디지털 공공서비스의 차세대 비전과 구상 : KrattAI'의 첫 페이지에 수록된 내용이다.

IT 강국이라고 하는 한국이 에스토니아 정부가 발표한 인공지능 전략에 대해서 배워야 할 것이 무엇인지 생각해봐야 할 대목이다.

한국은 과연 IT 강국인가? 글쎄?

해외를 나가보라! 의문을 가질 수밖에 없다.

세상에서 인구가 가장 많은 나라는 중국, 인도, 미국 순이다. 중국 14억 명, 인도 14억 명, 미국 3억 명 순이다. 여기에 도전장을 준비하는 나라가 있다. 에스토니아다. 현재 132만 명이다.

에스토니아는 북유럽에 있는 작은 나라다. 인구는 2019년 기준으로 132만 명이다. 이런 자그마한 나라가 세계를 품으려고 준비하고 있다. 에스토니아는 인공지능을 국가 전략으로 삼고 전 국민이 동참하는 인공지능 사회를 구축해가고 있다. 100% 디지털화를 꿈꾸는 나라. 에스토니아가 전자정부 시대를 열어가고 있다. 미래를 미리 보여주고 있는 나라다. 에스토니아는 국적과 장소 관계없이 전 세계 누구나 에스토니아 전자영주권을 신청할 수 있다. 물리적인 국토와 국민에서 벗어나서 통합 사회를 꿈꾸고 있다. 에스토니아는 1991년 소련이 붕괴하면서 독립국으로 분리되었다.

에스토니아는 안전한 정보 공유를 위해 블록체인 기술을 채택하면서 전자정부 선두를 달리는 나라다. 전자신분증과 전자투표제를 세계에서 처음 도입하면서 전자정부 선도국이 되었다. 정부 기관이라도 국민이 승인하지 않은 개인정보에 접근할 수 없다. 공무원이라도 개인 승인 없이 개인정보에 접근하면 범죄 행위가 된다. 개인정보에 대한 소유권이 온전히 개인에게 주어진다. 4차 산업혁명을 선도할 블록체인 기술이 있기에 가능한 일이다. 최초의 암호화폐인 비트코인의 기반 기술이 블록체인이다. 블록체인은 전자 결제를 비롯한 디지털 인증, 공급망 등 다양한 산업 분야에 활용되고 있다.

한국은 에스토니아 전자영주권자가 가장 빠르게 증가하는 국가 중 하나이다. 한국에 에스토니아 전자영주권 수령 센터도 운영해 에스토니아 대사관에 가지 않아도 전자영주권을 발급받을 수 있다. 영주권을 취득했다고 해서 그 나라의 국민이 되는 것은 아니다. 시민권을 취득해야 국민이 된다. 영주권과 시민권은 다르다. 하지만 영주권이 쉽게 발급되는 전자정부가 탄생했다는 것은 뜻깊다. 이것은 시작에 불과하다. 영주권처럼 전자정부에서 발급하는 시민권이 발급되는 날이 올 것이다. 영토가 없어도 국가는 탄생할 수 있다는 것을 미리 보여주는 것이다. 그런 날이 오면 에스토니아는 전 세계를 집어삼킨 패권 국가가 되어 있을지도 모른다. 영토가 없는 거대한 국가가 탄생하는 것이다.

미래에는 영토가 아예 존재하지 않는 전자정부가 생겨날 것이다. 그런 시대가 되면 국적도 마음대로 변경하는 시대가 된다. 태어날 때 국적을 선택할 수 있고 언제든 국적을 변경할 수도 있다. 이사를 하면 주소를 옮기는 것과 같다. 한국에 태어났어도 국적은 제각각이다. 살아가면서 하는 일에 따라 유리한 국가의 서비스를 받기 위해서 언제든 국가를 바꾼다. 다른 국적을 가진 아이들이 같은 교실에서 수업을 받는 그런 날이 온다. 옆에서 공부하고 있는 친구의 국적이 다르다. 부모도 모두 한국인이고 한국에서 태어나고 한국에서 자라고 있지만, 국적은 다르다. 그런데 한 교실에서 수업을 받고 있다. 단지 현재 한곳에 모여서 교육을 받고 있을 뿐이다. 국적이라는 개념 자체가 모호해지는 시대가 온다. 영토가 없어도 나라를 세울 수 있다. 디지털 세상에 존재하는 전자정부가 되는 것이다. 게임 속에나 존재할 듯한 국가가 현실에 등장한다.

영토가 없는데 어떻게 국가가 존재할 수 있는가?
블록체인이 등장했기에 가능한 것이다.
블록체인이 미래를 열어간다.

06

암호화폐가 세상을 바꾼다

☝ 비트코인과 암호화폐의 급부상

요즘 전 세계 사람들이 하루 중 가장 많이 사용하는 단어는 뭘까? '비트코인'이다. 그만큼 열기가 뜨겁다는 뜻이다. 비트코인은 전 세계가 공통으로 사용하는 단어다.

대화를 들어보면 하나같이 비트코인 가격이 많이 올랐다느니, 위험하다느니, 비트코인의 본질은 보지 못하고 가격 얘기만 한다. 안타깝다. 몇 년 전만 해도 커피숍이나 공공장소에서 비트코인을 주제로 대화를 하려면 주변의 눈치를 봐야 했다. 불법을 얘기하는 듯해서 작은 소리로 했다. 혹여라도 이상한 사람으로 취급받을까 봐 신경이 쓰였다. 그런 때가 있었다. 그러나 요즘은 자유롭게 대화한다. 세상이 그만큼 변했다. 세상이 변한 것이 아니라 비트코인의 위상이 변한 것이다. 비트코인을 바라보는 인식이 달라졌다.

대중은 여전히 비트코인의 본질에 대해 거의 알지 못한다. 단순히 투자 상품으로 보고 있다. 장기적인 안목으로 투자 기회를 찾는 투자자에게는 다행한 일이다. 아직 비트코인이 무엇인지 제대로 아는 사람이 없으므로 투자 기회가 남아 있다는 의미이기 때문이다.

어디를 가든 온통 비트코인이 화제다. 정확히 말하면 비트코인이 화제가 아니다. '비트코인 가격'이 화제다. 가상화폐, 암호화폐 가격이 화제다. 삼삼오오 모이기만 하면 암호화폐, 비트코인 얘기만 한다. 희망을 얘기하고, 절망을 얘기하고, 위험을 경고하기도 한다. 그러나 실제로 어느 쪽으로 추가 기울어질지 아무도 모른다. 하지만 비트코인이 어디로 갈지 나는 안다. 비트코인이 무엇이고 어떤 속성이 있는지 말이다. 무엇보다도 왜 비트코인이, 암호화폐가 세상에 등장했는지를 안다.

분명한 것은 앞으로도 계속 상승한다는 것이다. 일시적으로 조정받는 파도를 탈 수는 있다. 조정이 깊을 수도 있다. 자연스러운 현상이다. 바람에 흔들리지 않고 높이 자라는 나무는 없다. 추세는 우상향이다. 상승해야 한다. 왜 상승해야 할까? 블록체인이 열어가는 미래 사회에서 인정받는 법정화폐가 되어야 하기 때문이다. 지금 비트코인 가격은 8,000만 원을 돌파했다. 많이 올랐다며 호들갑이다. 100만 원 할 때도 많이 올랐다며 호들갑 떨었다. 1,000만 원 때도 그랬다. 10억 원이 되었을 때도 호들갑 떨 것이다.

도대체 그럼 언제 투자를 하란 말인가? 여기서 멈춘다면 비트코인은 절대 미래 화폐가 될 수 없다. 가치 저장 수단으로 자리 잡을 수 없다. 지금

보다 100배 이상은 올라야 암호화폐가 미래 화폐가 되는 화폐 혁명이 성공한다. 비트코인이 100억 원은 가야 하는 이유다.

지금은 미쳤다고 할 것이다. 미친 것은 내가 아니다. 비트코인도 아니다. 대중이다. 아직도 대중은 비트코인을 모르고 있다. 비트코인은 미친 가격을 주장하는 사람들의 주장대로 가고 있다.

암호화폐 전문가들이 나오는 TV 토론 방송을 보면 누구나 알 수 있는 지극히 평범한 대화만 나눈다. 가격을 예측하라고 하면 모두 몸을 사린다. 일단 너무 많이 올랐다는 데 의견을 같이하고 1억 원 간다는 데는 많이 망설인다. 아예 답을 하지 않고 회피한다.

전문가라면 틀리든 맞든 의견을 내놓아야 한다. 예측이 맞았다고 대단한 것도 아니고 틀렸다고 비난받을 일도 아니다. 시세 예측은 언제나 맞을 수도 있고 틀릴 수도 있다. 귀신도 모른다는 시세를 예측했다가 틀린다고 문제가 있을까? 없다.

그런데도 제대로 이야기하지 못하는 이유는 혹시 틀릴까 봐 우려하기 때문이다. 어설픈 예상으로 경력에 흠집이 날까 우려한다. 정확히 말하면 알지 못하기 때문이다. 비트코인의 진짜 속성을 알지 못하거나 시세 흐름을 읽지 못하기 때문이다. 시청자가 원하는 전망이나 예측은 하지 않는다. 비트코인이 왜 만들어졌는지, 미래에 어떤 역할을 하게 될지 알지 못하기 때문에 방향성 예측을 하지 못한다.

단기 시세는 예측하지 못하더라도 장기 추세는 예측할 수 있어야 하는데, 그들은 비트코인이 미래 화폐로 사용되려면 얼마나 올라가야 하는지 알지 못한다. 나는 비트코인이 100억 원까지 가야 한다고 주장하고 있다. 블록체인 생태계가 완성되고 암호화폐가 블록체인을 움직이는 중심축 역할을 하는 날이 온다. 그날이 오면 암호화폐의 대장주이고 상징적인 의미가 있으면서 가치 저장 수단으로서 완벽한 비트코인은 100억 원까지 가야 한다. 이것이 내가 비트코인이 100억 원 간다고 주장하는 이유다. 막연한 주장이라 할지도 모른다. 전문가가 지금 많이 올라서 위험하다고 하는 것은 무슨 근거가 있는가? 전혀 근거가 없다. 많이 올랐으니 떨어질 것이라는 지극히 단순한 그리고 막연한 생각을 주장하는 것뿐이다.

▲ 암호화폐가 바꿀 세상

암호화폐가 세상을 바꿀 이유는 수없이 많지만 몇 가지만 살펴본다.

첫째, 비트코인은 가치 저장 수단으로 법정화폐가 된다. 이것도 미친 생각이라고 하는 사람들이 많다. 암호화폐가 안정을 찾을 때 비트코인은 당연히 암호화폐 중에 황제 칭호를 받아야 마땅하다. 어떤 암호화폐도 넘보지 못하는 지존이 된다. 널리 상용화되는 암호화폐는 어떤 것이 될지 알수 없지만 많은 암호화폐가 전 세계 사람들의 인정을 받으며 상용화된다. 암호화폐를 단순 투자의 관점으로 보지 말고 실용적인 관점에서 봐야 하는 이유다. 실용성이 없는 암호화폐는 투기 상품으로 사라지게 된다.

둘째, 엄밀히 말하자면 암호화폐에 투자하는 것은 단순 투자가 아니라 시대를 따라가는 투자다. 시대를 따라가면 부의 재분배 대열에 합류하게 되고 부자가 된다. 시대를 따라가지 않으면 뒤처진다. 부의 대열에서 이탈하지 않으려면 시대의 흐름을 외면하지 말아야 한다. 투자는 기술로 하고, 마음으로 한다. 마음으로 암호화폐에 투자하라. 부의 대열에 참여하는 것이다.

암호화폐가 상용화되는 시대가 오고 있다. 아직은 걸음마 단계이지만 멀지 않았다. 지금 암호화폐가 걸음마인 이유를 아는가? 아직은 암호화폐 결제 시스템이 완전하지 않기 때문이다. 결제 시스템이 완전하게 자리를 잡게 되면 지금의 암호화폐 가격은 '시작도 하지 않은 가격'이 될 것이다. 결제 시스템이 완성되고 전 세계 사람들이 암호화폐로 자유롭게 결제하는 순간 암호화폐 가격은 로켓을 쏘아 올리게 될 것이다. 그 후 가격은 안정화를 거치면서 암호화폐 세상이 본격 가동된다.

암호화폐가 전 세계인들의 주머니로 분배가 끝나고 결제 시스템이 완성되면 가격 변동성은 줄어들거나 사라지게 된다. 암호화폐가 지금의 명목화폐를 대신하는 시대가 열리면 암호화폐 거래소는 필요 없게 된다. 암호화폐는 P2P 거래로 자리를 잡게 될 것이다. 소수의 거래소만 환전소로 남는다. 지금처럼 암호화폐를 사고팔아 시세를 누리는 거래소가 아닌 특수한 암호화폐를 교환하는 환전소 역할만 한다.

거래소가 필요 없다. 거래소는 축소되거나 사라진다. 암호화폐 세상이 열리기 전까지는 암호화폐를 전 세계 사람들에게 알리고 보급하기 위해서 거래소가 필요하다. 그러나 암호화폐가 법정화폐로 자리 잡으면 시세 변동이 거의 없기에 거래로 수익을 내기는 쉽지 않다. 거래소의 영향력은 점점 줄어든다. 하지만 아직은 거래소가 호황을 누려야 한다. 암호화폐 확산을 위해 필요하기 때문이다.

암호화폐 시대에는 여행을 갈 때 별도로 환전할 필요가 없어진다. 전 세계는 암호화폐를 통일해서 사용하기 때문이다. 암호화폐가 여러 종류라 하더라도 전 세계는 같은 시스템에서 암호화폐를 사용하게 된다. 지금의 명목화폐가 암호화폐로 진화해야 하는 이유는 현재 명목화폐는 많은 문제점이 있기 때문이다. 그 문제점을 암호화폐가 보완해줄 수 있기 때문이다. 일례로 해외로 송금하는 데만 3~5일이 걸린다. 여러 곳을 거쳐서 여러 날을 기다려야 전송이 완료된다. 비트코인은 전송이 늦다고 하지만 10분이면 전송이 된다. 4~5일이 걸리던 전송 기간을 10분으로 단축했다. 실시간으로 전송 가능한 암호화폐도 많다. 앞으로 기술 개발로 결제하는 데 속도가 문제 되는 일은 없어진다.

지금은 비트코인이나 암호화폐 결제 시스템에 대해서, 기술의 발전에 대해서 연관성을 언급하지 않는다. 암호화폐가 어떤 역할을 하게 되는지도 언급하지 않는다. 가격만 언급한다. 시작도 안 한 가격인데 많이 올랐다고 난리다. 기성세대들이 경험해보지 않았으니 그럴 만도 하다. '영끌투자'라며 우려만 표한다. 그러나 암호화폐가 미래를 바꾼다면 그 세상을 꿈꾸고 따라가야 한다. 암호화폐는 화폐 제도를 바꾸고 블록체인을 구동하고 신흥부자를 탄생시켜 새로운 세상을 열어가는 데 핵심 역할을 할 것이다.

07

블록체인이 바꿔갈 미래 일자리

▲ 새로운 세상과 새로운 기회

미래가 현재로 오면 현재는 과거가 된다. 새로운 것이 오면 기존 것은 물러나게 마련이다. 이것이 순리다. 인류의 삶은 시간이 흐르면서 변화했다. 그 변화는 인간이 살아가기 편리한 긍정적인 쪽으로 변해왔다. 기술의 발전은 변화를 가속했다.

4차 산업혁명이 오고 있다고 한다. 블록체인이라는 신기술을 들고 온다고 한다. 인공지능을 탑재하고 온다고 한다. 그놈이 오면 우리 일자리를 모두 빼앗아간다고 한다. 그래서 두려워한다. 그놈이 어떻게 생겼는지 아무도 보지 못했다. 실체가 명확하지 않다. 막연한 두려움과 공포로 떨고 있다. 실체를 알면 대비를 할 수 있기에 두려워할 이유가 없다. 두려움은 실체를 알지 못할 때 가장 크다. 우리는 그놈의 실체를 어렴풋이 이미 보았다.

2016년 3월, 세기의 대결이 펼쳐졌다. 세계 정상급인 이세돌은 구글 딥마인드가 개발한 AI 바둑 프로그램 알파고와 대결했다. 전 세계가 한국을 주목했다. 인간과 AI(인공지능)가 바둑 대결을 펼쳤다. 인간과 기계가 한판 승부를 펼친 것이다. 결과는 1승 4패, 충격이었다. 영화에서 로봇이 인간을 지배하는 일이 현실로 다가온 것이다. 그 충격은 한동안 세상을 떠들썩하게 했다.

알파고와 이세돌의 대국 이후 AI 기술은 발전을 거듭하고 있다. 아직은 장외에서 예비군으로 대기하고 있지만 머잖아 인공지능이 탑재된 로봇과 함께 생활하는 날이 올 것이다. 인공지능은 가르치지 않아도 스스로 학습하고 진화한다. 인간이 할 수 있는 대부분의 일을 로봇 스스로 해낸다. 대단하고 무서운 놈이다. 사람들은 일자리를 넘보는 로봇 때문에 실직자가 될까 봐 우려하는 것이다. 지금도 일자리 문제로 어려움을 겪고 있는데 인공지능이 인간을 대체하는 미래가 오면 인간이 설 자리는 더욱 좁아진다. 이러한 전망이 나올 때마다 암울한 생각이 든다.

변화 속에는 항상 기회도 함께 온다. 과거 일자리 변천사를 보면 일자리가 없어진 만큼 새로운 일자리가 생겨났다. 더 복잡한 사회 구조는 더 많은 일자리를 만들어냈다. 과거에 비추어볼 때 미래도 그리 염려할 일은 아니다. 어떻게 준비하고 대응하느냐가 더 중요하다. 걱정하며 두려워하기보다는 미래를 배우고 준비하는 자세가 필요하다. 유망한 일자리는 미리 눈에 보인다. 인공지능이 탑재된 로봇과 함께 사는 세상이 온다면 어떤 세상이 될까? 미리 공부하고 그에 맞는 일자리를 준비해나가는 현명함이 필요하다.

위기는 늘 기회와 함께 온다. 오는 기회를 잡은 사람은 십중팔구 성공한다. 자신의 힘으로 기회를 만들어내는 사람은 100% 성공한다. 앉아서 기회를 기다리지 말고 기회를 만들어내는 멋진 성공자가 돼야 한다.

♠ 새로운 일자리와 블록체인의 역할

블록체인이 몰고 올 4차 산업혁명 시대의 핵심 키는 공유경제이다. 큰 맥은 공유경제로 잡아야 하고 이를 이루는 기초는 빅데이터다. 빅데이터를 기반으로 사물인터넷, 인공지능, 드론, 자율주행차, 에너지, 스마트시티, 바이오산업, 헬스케어, 3D 프린트 등등을 생각해볼 수 있다. 키워드가 잡히면 현재 내가 하는 일과 연관성을 찾고 미래에 내가 하고 싶은 분야로 확장해서 준비하면 된다. 가만히 앉아 걱정만 하고 있다고 로봇이 가져간 내 일자리가 내게 다시 돌아오지 않는다.

"대량 실업이 예고된다. 새로운 일자리로 대거 이동이 예고된다."

이 말은 위기와 기회가 공존하고 있음을 뜻한다. 대량 실업으로 일자리가 없어진다는 것과 대거 이동할 일자리가 생긴다는 뜻이다. 여기서 생각해봐야 한다. 일자리 수는 변함이 없다는 것이다. 대거 이동할 일자리가 생겨났을 때 동료는 이동하고 나만 이동하지 못하는 사태가 벌어지지 않으면 된다. 새로운 일자리로 이동할 준비를 해놓아야 한다는 것이다.

아무리 과학 문명이 발달해도 인간이 행복하지 못하고 풍요롭지 못하다면 기술의 발전과 편리함은 의미가 없다. 절대다수가 비극적인 삶을 살고 소수가 절대 권력을 갖고 누리는 세상은 지속될 수 없다.

우리 지구가 그런 세상으로 가기 일보 직전에 블록체인이 등장해 탈중앙화의 씨앗을 심었다. 중앙화된 시스템은 인류를 파멸로 몰아갈 수밖에 없다. 인류의 미래를 풍요롭고 윤택하게 만들기 위해 탈중앙화를 표방하며 비트코인을 앞세워 블록체인이 찾아왔다.

블록체인의 참뜻이 뿌리를 깊이깊이 내려 번영을 추구하도록 도와야 한다. 돈은 인간의 편리함을 추구하기 위해 존재한다. 지배를 위한 도구가 아닌 편리함을 추구하는 순기능으로 작동해야 한다. 지금까지 돈은 지배의 수단으로 활용된 면이 많다. 돈의 분배, 부의 분배는 인류의 행복한 삶을 위해 매우 중요하다. 일자리는 개인의 성취를 위한 것도 있지만 삶을 지탱할 돈을 벌기 위한 목적이 있다. 부를 분배하기 위한 수단이기도 하다. 부의 분배가 제대로 되면 세상은 살기 좋은 곳이 된다. 블록체인이 그 역할을 잘해 줄 것이다.

변화의 경계에서는 항상 혼란스럽고 무질서하다. 분배의 불균형으로 양극화는 더 심해지고 불편한 진실이 많이 드러날 것이다. 부의 불평등이 도를 넘으면 폭발한다. 기득권의 횡포에 대한 저항은 불만으로 표출된다. 폭발한다. 비트코인이 등장한 이유도 이와 무관하지 않다. 한바탕 전쟁을 치르고 고요함 속에 평온한 일상이 온다. 이것이 미래 인류의 모습이다. 이러한 미래를 준비하는 마음가짐은 어떠해야 할까? 무엇을 준비해야 할까?

지금 하는 대부분의 일자리는 로봇으로 대체된다. 위협받는다고 생각할 수도 있다. 반대로 생각하면 지금 하는 단순한 일, 힘든 일, 따분한 일, 반복적인 일, 재미없는 일, 위험한 일, 하기 싫은 일을 모두 로봇에게 맡겨두고 다른 창의적인 일을 하거나 삶을 즐기면 어떨까? 일을 많이 하지 않아도 충분한 수입이 되고 재미있는 일을 하면서 살아가는 일이라면 모두가 환영할 것이다. 막연한 두려움으로 미래를 걱정하기보다는 앞서 언급했듯이 모든 일을 로봇에게 맡기고 나는 즐기는 삶을 준비하면 된다. 노동으로부터 해방되는 미래가 인류의 미래다. 뼈 빠지게 일만 해야 먹고사는 시대는 지났다.

이렇게 생각해보자. 과거에는 먹고살기 위해 산에 올라가 위험을 무릅쓰고 사냥을 해야 하고, 바다에 나가 고기를 잡아야 했다. 들에 나가 열심히 농사를 지어야 먹고살 수 있었다. 그런데 로봇이 사냥도 해 주고, 고기도 잡아다 주고, 농사도 지어다 주고, 밥도 해다 주는데 굳이 로봇을 창고에 처박아두고 사냥을 하고, 고기를 잡고 농사를 지어야 할 이유가 있는가? 이런 세상이 오면 인간은 좀 더 자유로운 일을 하면서 누리는 삶을 살아야 한다.

미래의 유망한 직업은 현재 존재하지 않는 직업이다. 새롭게 생기는 직업이다. 유망 직업을 갖기 위해서는 지금 자신이 잘하는 분야의 능력을 최고로 끌어올려 전문성을 길러두어야 한다. 유망 직종을 보면 모두 전문가라는 수식어만 있다. 그러나 꼭 새로운 분야의 전문가가 되어야만 직업을 가질 수 있는 것은 아니다. 현재 하는 일에 전문성을 더하면 그것이 전문가다. 쉽게 생각하면 현재 하는 일을 로봇에게 맡겨두고 그 로봇을 관리하면 된다. 새로운 분야에 관심이 있다면 서점에 달려가보라. 미래를 준비하는 많은 책이 있다. 홀로 찾기 어려운 것이라면 책을 통해 미래를 찾아보는 것도 좋은 방법이다.

블록체인으로 세상이 또 한 번 뒤집어진다. 블록체인을 제2의 인터넷이라고 하지만 인터넷과는 비교할 수 없는 큰 변화가 온다. 태생부터 다르다. 질적으로 다르다. 단순한 인터넷이 아니다. 블록체인에는 인간을 사랑하는 철학이 담겼다. 인간의 미래가 담겼다.

인터넷이 열릴 때 수많은 신흥부자가 탄생했다. 또다시 기회가 왔다. 부의 대이동은 암호화폐로 시작되었다. 암호화폐가 주목을 받으면서 한탕주의, 기회주의, 황금만능주의로 이어지며 블록체인 발전에 악영향을 미치는 것 같지만 이 또한 관심 끌기 측면에서 필요한 것이다.

세계 각국은 블록체인의 선도국이 되고자 엄청난 노력을 하고 있다. 우리나라도 시대의 흐름을 제대로 파악하는 현인이 많이 나오기를 바란다. 바로 당신도 주인공이 될 수 있다. 블록체인 세상이 얼마나 멋진 세상을 열어갈지 기대가 된다.

BLOCK CHAIN

제 3 장

기회와 도전의 시대,
구경꾼에서 벗어나라!

REVOLUTION

01

왜 우리 아빠는 비트코인을 사지 않았을까?

"아빠! 내 친구 민수가 이사 간대."

"아니, 왜? 그 친구 일전에 아빠 사업이 망해서 전학 왔다는 친구 아니니……."

"응, 맞아."

"저런, 왜 또 이사를 가? 어디로 간대? 안쓰럽네."

"서울 강남에 있는 펜트하우스로 간대."

"뭐? 펜트하우스? 강남이라고?"

"펜트하우스 좋은 데야?"

"강남에 있는 펜트하우스면 엄청 비쌀 텐데. 수십억 원 하는데…. 민수 아빠 지금 뭐 하시는데?"

"학교 앞에서 작은 문구점 하고 있어."

"문구점 하면서 그 많은 돈을 어떻게?"

"아니, 비트코인 팔아서 간대. 민수 할아버지가 유산으로 준 건데 이번에 엄청나게 올랐대."

"그랬구나. 비트코인이 급등해서 1개가 수십억 원이니, 미친 건지. 누가 이럴 줄 알았겠니?"

"아빠는 왜 비트코인 안 샀어?"

"……."

"……."

아빠는 아무 말이 없었다. 아이도 아무 말을 하지 않았다. 아빠는 손을 얼굴로 가져갔고 엄지로 턱을 받치고 검지는 구부린 채 입을 가린 자세로 눈을 감고 뭔가 생각에 잠긴 듯했다. 머리는 왼쪽으로 살짝 기울었다. 이마에는 주름이 평소보다 골이 깊었다. 한동안 생각에 잠긴 듯 미동도 하지 않았다. 갑자기 분위기가 무거워졌다. 아이는 괜히 잘못한 것 같아 조용히 자리를 떠났다. 아빠 얼굴이 편치 않아 보여서 더는 묻지 않았다.

머잖은 어느 날, 어딘가에서 아빠와 아이가 나누게 될 대화다.

⏶ 비트코인의 시작과 부의 대이동

2009년 1월, 비트코인이 세상에 모습을 드러냈다. 아무도 관심 가져주지 않았고, 인정하지도 않았다. 하지만 역사는 시작되었다. 2010년 5월 22일은 비트코인이 처음으로 사용된 역사적인 날이다. 피자 2판을 비트코인 1만 개로 구매한 것이다. 이날을 기념하여 '피자데이'가 만들어졌다. 당시 1만 비트코인의 시세는 41달러 정도였지만 피자 2판의 가격은 30달러에 불과했다. 환전하면 더 큰 수익이었지만 실물과 교환을 할 수 있는지 실험한 것이다.

피자 한 판에 15달러였다. 피자 두 판에 1만 비트코인을 지불했다. 2021년 4월 비트코인 1개의 가격은 8,000만 원이다. 피자 두 판을 구매하며 지불한 1만 비트코인을 지금 시세로 환산해 보면 8,000억 원이 된다. 피자 한 판에 4,000억 원인 셈이다. 불과 11년이 흘렀을 뿐이다. 아직 여기가 끝이 아니다. 아직 시작에 불과하다. 끝은 아무도 모른다.

누가 '민수 아빠'가 될지 모른다. '민수 아빠'는 수없이 많이 나타나게 될 것이다. '민수 아빠'가 모이고 모여 그들이 다음 시대의 주역이 된다. 부의 대이동은 이렇게 시작되었다. '민수 아빠'가 되고 싶지 않은가? 작은 관심만 있으면 부의 추월차선에 올라타게 된다. '민수 아빠'도 그렇게 부자가 되었다.

이 이야기의 '아빠'가 왜 비트코인을 사지 않았을까? 깊이 생각해봐야 한다. 아직은 기회가 많이 남아 있기 때문이다. 기회가 남아 있을 뿐만 아니라 사실은 시작에 불과하다. 이 책을 읽고 있는 이 순간은 극초기다.

세상 사람들이 비트코인을, 암호화폐를, 가상화폐를 다 아는 것처럼 얘기한다. 모두 비트코인 박사 같다. 전혀 그렇지 않다. 아는 체할 뿐이다. 전혀 알지 못하는 사람이 대부분이다. 단지 상품으로만 비트코인을 보고 있다. 비트코인에 대해 부정적인 생각을 하는 사람들은 알지도 못하면서, 알아보려고 하지도 않고 사기라고 일축한다. 이 지식은 직접 알아본 것도 아니다. 주변에 아는 체하는 영향력 있는 사람이 한 말을 그대로 흡수했기 때문이다. 그런 사람이 옆에 있다는 것은 참 불행한 일이다.

⛄ 비트코인에 대한 오해와 진실

대부분의 사람들이 비트코인을 한때 유행하다 사라지는, 돈 버는 상품, 튤립 버블 같은 것으로 생각한다. 위험하다고 경고한다. 큰 착각이다. 튤립과는 차원이 다르다. 튤립은 식물 애호가들에 의해서 시작되었고 그 자체에 버블만큼의 가치를 품고 있지는 않았다. 그냥 애호품이다. 그냥 상징적인 것이다. 아름다움을 소유하고 싶은 애호가들의 마음이 유통업자들의 욕망을 키웠다. 욕망을 키운 것은 식물 애호가가 아니다. 튤립을 거래하는 유통업자들이다. 유통업자들의 욕망이 사라지면서 튤립 버블은 유통업자들을 파산으로 몰았다. 하지만 튤립 애호가들은 예나 지금이나 여전히 비싼 튤립을 찾고 있다. 튤립 버블은 욕망이 만들어낸 거품에 불과했다. 환상에 불과했다.

하지만 비트코인은 태생부터 다르다. 세상을 바꾸는 미래 기술인 블록체인이 처음으로 선택한 것이 비트코인이다. 세상을 이끌어갈 블록체인 기술이 들어 있다. 비트코인은 시작에 불과하다. 블록체인이 탑재된 암호화폐가 미래 세상을 바꾸고 열어간다. 쓰임새가 무궁무진하다.

모든 생명체는 피가 흐른다. 피가 없는, 피가 흐르지 않는 생명체는 없다. 피는 곧 생명이다. 생명체는 피가 있어야 움직인다. 피가 생명체를 살아 움직이게 하는 필수 요소라면 암호화폐는 블록체인을 살아 움직이게 만드는 피와 같다. 블록체인을 살아 움직이게 하는 것이 바로 피와 같은 암호화폐다.

　이제 충분히 감을 잡아야 한다. 아직도 감이 오지 않는다면 당신은 절대 '민수 아빠'가 될 수 없다. 황금에 눈이 먼 투자는 절대 오래 가지 못한다. 가치를 알아볼 때, 가치 있는 일이 생긴다. 가치를 알고 투자를 해야 한다. 가치를 알아줄 때 크게 준다. 영국 속담에 남자는 자기를 알아주는 사람을 위해 목숨을 바친다고 했다. 비트코인도 자기를 알아주는 사람에게 부를 가져다준다.

▲ 비트코인에 대한 인식 변화의 필요

　'아빠'가 비트코인을 사지 않은 데는 '무지했다'는 이유 외에는 다른 이유가 없다. 돈이 없었다. 시간이 없었다. 모두 핑계이고 변명일 뿐이다. 돈이 없었다고? 피자 한 판 살 돈은 없어도 술 마시고 담배 피울 돈은 있다. 피자데이를 기억하라. 2010년 5월 22일. 그날이 바로 오늘일 수 있다. 제2의 피자데이가 오늘일 수 있다. 비싸다는 인식은 가치 기준을 어디에 두느냐에 따라 달라진다. 피자데이의 1만 비트코인도 당시에는 비싸다 생각했다. 시간이 없다? 그럴 생각이 없었던 것이지 시간이 없는 것은 아니다. 그냥 무지했던 것이다. 비트코인 광풍은 누구나 비트코인을 제대로 알아볼 기회를 주고 있다. 게을러서 알아보지도 않고 있다. 비전문가인 주변의 말에 귀를 기울이고 행동하고 있다. 그들은 당신의 기회를 빼앗는 강도다. 정작 본인도 가지지 못하는 것을……. 빼앗기만 한다.

아빠가 비트코인을 사지 않은 이유는 또 있다. 비트코인을 사는 어리석은(?) 사람보다 똑똑하기 때문이다. 지식이 진실을 가린 것이다. 그래서 펜트하우스에 살지 못한다. 혼자만 똑똑하면 다행이다. 주변 사람들까지 똑똑한 사람으로 만들려고 애쓴다. 주변 사람의 기회까지 빼앗는 우를 범한다.

착각하지 마라. 당신이 알고 있는 지식은 지식이 아니다. 성장하면서 사회를 위해 이바지할 수 있도록 만들어진 허상을 좇는 세뇌된 지식에 불과하다. 지식이 아니라 나를 움직이게 하는 프로그래밍 언어 정도다. 그것을 지식으로 착각한다. 그렇게 살아가도록 기득권층이 만들어두었기 때문이다. 인간은 사회 규범으로 만들어지고 살아가게 된다.

인간은 누구나 거인을 품고 있다. 거인이 있는지도 모른다. 스스로 그 거인을 꼭꼭 숨기고 가둬버린다. 탈출이 불가하도록 굳게 잠그고 잠근다. 가둔지도 모른다. 성장하면서 배운 지식이 거인을 가두도록 세뇌당한다. 얼마나 무서운 일인가? 나를 행복으로 안내할 거인을 내가 스스로 가둔다. 가두는지도 모르고 가둔다. 거인에게 미안해하지도 않는다. 알지 못하기 때문이다. 잠자는 거인을 깨워라. 평생 마음고생 하고 가난하게 살아온 것은 거인을 가두었기 때문이다. 거인을 가두면 평생 부자로 살아가지 못한다. 평생 마음고생만 하며 가난하게 살아가게 된다.

주변에 콩나물 값을 아끼며 아등바등 살아가는 사람이 있다. 그는 부자가 아니다. 나는 그리 살지 않아도 부자다. 생각부터 바꾸어야 한다. 의식이 변해야 한다. 당신의 생각은 당신의 진짜 생각이 아니다. 사회가 만들어놓은 생각에 갇힌 것이다. 머슴은 자기 생각을 드러내지 않는다. 드러낼 수도 없다. 항상 주인을 대변하는 생각만 한다. 주인을 보호할 생각만 한다. 스스로 주인이 될 수 있음에도 주인이 될 생각은 하지 않는다. 머슴으로 평생 살아간다. 덩달아 가족도 머슴이 된다.

"왕은 세자를 낳고 머슴은 종을 낳는다."

나는 비트코인을 샀다. 나도 '민수 아빠'가 되었다. 평생 한눈팔지 않고 딴에는 열심히 살았다. 힘들었다. 가난했다. 잠자는 거인을 깨우기로 했다. 무일푼에 창업부터 했다. 비행기 티켓 두 장이 전 재산인데 그것으로 무작정 중국 청도로 날아갔다. 아등바등 살지 않아도 열심히 살 때보다 수십 배, 수백 배는 더 나은 삶이 만들어졌다. 연말에 가족이 아웃백에 가서 오붓하게 스테이크 칼질하며 보내는 것이 매년 연초 소망이었다. 그것 하나도 제대로 이루지 못하고 지나간 때가 많았다. 지금은 매일 갈 수도 있다. 잠자던 거인이 깨어난 것이다. 나는 열심히 살지 않는다. 마음이 시키는 대로 미래로 나아갈 뿐이다. 오늘 저녁에는 '민수 아빠'와 술이라도 한잔하고 싶다.

02

비트코인 100억 간다면 어떻게 할 것인가?

▲ 현실이 된 비트코인의 가격 상승 예측

비트코인 100만 원 간다.

2015년 3월 비트코인이 30만 원일 때 나온 전망이다. 모두가 사기라며 미쳤다고 했다.

2016년 6월 비트코인은 100만 원을 돌파했다. 투자한 사람은 부자가 되었다.

비트코인 1,000만 원 간다.

2017년 5월 비트코인이 500만 원일 때 나온 전망이다. 모두가 사기라며 미쳤다고 했다.

2018년 1월 비트코인은 2,600만 원을 돌파했다. 투자한 사람은 부자가 되었다.

비트코인 5,000만 원 간다.

2019년 6월 비트코인이 1,700만 원일 때 나온 전망이다. 모두가 사기라며 미쳤다고 했다.

2021년 1월 비트코인은 4,800만 원을 돌파했다. 투자한 사람은 부자가되었다.

비트코인 1억 원 간다.

2021년 1월 비트코인이 4,800만 원일 때 나온 전망이다. 모두가 사기라며 미쳤다고 했다.

2021년 4월 비트코인은 8,000만 원을 돌파했다. 1억 원 돌파를 눈앞에두고 있다. 무난히 돌파할 것이다. 시간문제일 뿐이다. 투자한 사람은 부자가 되었다.

나는 2016년 암호화폐 투자 설명회에서 비트코인 7억 원 간다고 주장했다. 미친 사람 취급받았다. 절대 그럴 리 없다는 확신에 찬 반발이 돌아왔다. 당연한 반응이라 생각했다.

그런데 지금은 11억 원까지 간다는 전망이 나오고 있다.

2021년 2월 16일, 〈한국일보〉의 "'5만 602달러'… 비트코인, 5만 달러 선깨고 사상 최고치 기록" 기사를 보자. 비트코인 가격이 5만 달러를 넘어급등하면서 급등세가 얼마나 더 이어질지에 대한 관심이 커지고 있다는내용이다. 당시 10만 달러를 넘어 100만 달러(약 11억 원)까지 상승할 수있다는 전망이 나왔다. 마이크 맥글로운 블룸버그인텔리전스 상품 전략

가는 '변동성은 계속되겠지만 장기적으로 비트코인은 10만 달러를 돌파할 가능성이 크다'고 말했다.

늘 가격이 폭등할 때 전망이 쏟아져 나온다. 특이한 것은 긍정과 부정이 극명하게 대립하는 전망이 나온다. 두 주장은 한 치의 양보도 없다. 비트코인은 100만 원 돌파할 때부터 거품이라며 논쟁이 격렬하였다. 사기다. 거품이다. 반복해서 경고나 우려의 목소리가 높았다. 저명인사의 발언은 잠시 바람을 빼는 데 그치고 말았다. 가끔은 바람을 빼는 듯했지만, 불씨는 다시 살아나기를 반복했다. 부정의 꼬리를 길게 달았지만, 비트코인은 아랑곳하지 않고 제 갈 길을 갔다. 꼬리는 오히려 연이 높이 날아오를 때 균형을 잡아주고 추진력을 발휘하듯 높이높이 날아올랐다.

여기서 생각해보자.

비트코인 100억 원 간다면 당신은 어떻게 할 것인가? 지금 가격이 8,000만 원인데 1억 원이라 가정하면 100배 오르면 100억 원이다. 그렇다면 지금 가격에 비트코인에 투자하겠는가? 망설임이 없겠는가? 모두 망설일 것이다. 아내와 대학생인 딸에게 물어봤다. 투자하지 못하겠단다. 이유를 물었다. 100억 간다는 것을 믿을 수도 없고 지금 너무 오른 가격이라 무섭다고 한다. 그럼 8,000만 원은 믿을 수 있냐니까. 그건 믿는단다. 지금 눈에 보이니까 믿는다고….

지금 가격 8,000만 원은 내가 5년 전에 암호화폐에 대해 강의할 때 가격의 100배다. 그때 가격이 80만 원이었다. 그때 사두었다면 100배 수익이다. 만약 100억 원을 간다면 지금 사두면 100배 수익이 된다. 지금 못 사면 그때도 못 산 것이다. 그때 못 산 것이라면 지금도 못 산다.

나는 샀다. 덕분에 100배 수익을 냈다. 그래서 이 책을 쓰고 있는 것이다.

⚘ 리스크와 수익

투자는 투자일 뿐이다. 투자를 저축으로 생각하면 안 된다. 저축은 원금이 보장된다. 은행이 망하지 않는다는 전제다. 은행이 망하지 않는다는 것도 착각이다. 지금껏 수많은 은행이 문을 닫았다. 그러니 저축도 100% 안전하지 않다. 은행에 저축하면 5,000만 원까지만 보장이 된다. 저축은 상대적으로 안전한 만큼 수익은 높지 않다.

투자는 원금 보장이 되지 않는다. 반면 큰 수익을 안겨준다. 반대로 전액 손실을 보기도 한다. 투자는 투자답게 저축은 저축답게 해야 한다. 투자를 안전이 보장된 저축처럼 하면서 큰 수익을 원하면 안 된다. 뭔가 잘못된 것이다. 바지와 셔츠를 바꾸어 입은 우스꽝스러운 모습이다. 생각만 해도 우습고 황당할 것이다. 사람들은 이런 투자와 저축을 한다. 스스로 우스꽝스러운지도 모른다. 자신을 비추는 거울이 없기 때문이다.

나는 2018년 만나는 사람마다 비트코인이 100억 원 간다고 주장했다. 믿지 않는 눈치였지만 다행히 미친 사람 취급은 안 했다. 워낙 비트코인 열풍이 강했기 때문이다. 비트코인 기세가 너무 강했다. 비트코인이 어떤 시세를 낼지 모른다는 심리가 무언중에 작동했다. 게다가 당시 나는 암호화폐를 채굴하는 회사를 운영하고 있었다. 아파트형 집합건물에서 30여 개 회사가 입주해 암호화폐를 채굴하고 있었다. 그런 채굴 업체 대표를 맡고 있어 발언권이 좀 셌던 탓도 있으리라. 그래서 사람들은 별 반응을 하지 않았다. 그러나 겉으로 표현하지는 못해도 속으로는 미친 사람 취급했을지도 모른다. 내 얘기를 듣고 비트코인을 사서 부자 되어 고맙다는 인사를 하는 사람이 없으니 말이다. 다들 '똑똑한' 사람들임에 틀림이 없다.

♠ 비트코인 100억 원은 허황된 거품인가?

과거에 비트코인이 100만 원 간다고 한 주장은 미친 주장으로 취급받았다. 비트코인 1,000만 원 간다고 한 주장도 정신 나간 주장으로 취급받았다. 하지만 모두 현실이 되었다. 우리는 눈앞에 보이는 것만 믿도록 학습됐다. 세상의 부자들은 눈앞에 보이는 것은 오히려 믿지 않는다. 조작될 수 있기 때문이다. 부자들은 보이지 않는 것을 믿는 능력을 갖고 있다. 그래서 부자가 될 수 있었다. 그것이 정보이기 때문이다. 아무도 보지 않고 아무도 보지 못하는 것을 볼 수 있는 능력, 바로 그것이 정보를 가져다준다. 그런 능력이 없다면 그런 능력자를 만나면 된다. 떡 먹는 사람 옆에 있어야 콩고물이라도 얻어먹는다. 떡 먹는 사람에게는 콩고물이지만, 그것도 정보 가치가 담긴 것이라 일반인들이 볼 때 상상할 수 없는 수익이 된다.

암호화폐로 유명한 교수가 2017년 초에 유튜브에 올린 영상이 있었다. 어처구니가 없었다. 그 교수는 비트코인과 이더리움은 자기 파괴적으로 설계되었기에 반드시 망할 것이라며 사기라고 강하게 주장을 했다. 망하지 않을 코인이라며 본인이 직접 코인을 발행하기도 했지만 실패했다. 비트코인보다 나은 코인을 찾겠다며 해외로 돌아다니던 나의 모습이 생각났다.

이처럼 암호화폐에 대한 인식과 정의는 여전히 내려지지 않았고 만들어가는 중이다. 지금은 보이지 않는 미래 가치를 어떻게 판단하느냐를 두고 투자 고민을 해야 한다. 믿으면 사면 되고 믿지 않으면 사지 않으면 된다.

비트코인이 100억 간다면 어떻게 할 것인가? 판단은 스스로 내리고 행동해야 한다. 나는 비트코인 100억 원 가는 날이 반드시 온다고 믿는다. 블록체인이 열어가는 미래는 암호화폐가 필수 요소이고 암호화폐가 많이 개발되고 유통될 것이다. 비트코인은 가격 단위가 다른 코인에 비해 크고 단순히 가치 저장 수단으로만 사용할 수 있어 다른 코인에 비해 활용도는 떨어지지만, 가치 저장 수단만으로도 충분한 가치를 갖게 될 것이다. 투자는 언제든 할 수 있다. 어디에 투자하느냐가 중요하고 얼마나 믿고 얼마나 보유할지를 먼저 정하고 투자를 해야 한다.

비트코인을 바라보는 전망들, 누구 말이 맞을까? 100만 원부터 지금까지 비트코인은 사기라며 자기주장이 틀리지 않았음을 줄기차게 주장하는 사람들이 있다. 이들은 10억 원을 가도, 100억 원을 가도 거품이라며 사기라고 외칠 것이다. 존중한다. 내 말이 무조건 맞는다는 건 아니다. 의견은 다양할수록 좋다. 판단은 자기 몫이다.

지금도 늦지 않았다. 하지만 맹신하지 마라. 5년 전에 70만 원은 누구나 투자할 수 있었다. 지금 8,000만 원은 누구나 투자할 수 없는 금액이다.

5년 전에도 70만 원을 거금으로 인식한 사람도 있었다. 그들은 투자하지 못했다. 정말 돈이 없다면 없어도 되는 돈이라 생각하고 복권 사듯이 투자할 수 있는 만큼만 투자하면 된다. 감당할 수 있는 금액을 장기로 투자하라는 것이다. 투자에는 리스크가 따른다는 사실도 명심해야 한다. 투자의 최종 책임은 투자자 스스로 지는 것이다.

비트코인은
허황된 거품이 아니다

3년 전에 출간한 『블록체인이 미래를 바꾼다』에서 나는 비트코인이 반드시 100억 원 간다고 주장한 바가 있다. 당시 많은 독자들이 어이없다는 반응들이었지만 이제는 100억 간다고 주장하는 기사가 나도 "그럴 수도 있겠구나." 하는 반응들이다. 그만큼 비트코인의 입지가 단단해 졌다는 뜻이다. 내가 이를 주장한 것은 현존하는 화폐가 암호화폐로 대체될 경우 암호화폐의 총 통화량이 현존 화폐 총 통화량의 가치만큼 상승해야 하기 때문이다. 이 기준에 비춰볼 때 암호화폐가 현존하는 화폐를 대체하는 날이 온다면 그 가치는 상상을 훨씬 뛰어넘을 것이다.

2024년 7월 25일, 미국 테네시주 내슈빌에서 열린 비트코인 컨퍼런스 2024에서 마이크로스트레티지의 CEO 마이클 세일러는 비트코인에 대한 강한 확신을 표명했다. 그는 비트코인이 2045년까지 최소 1,300만 달러(약 180억 원)에 이를 것으로 예측하며, 이를 "불멸, 불변, 비물질적이며 무한한 수명을 가진 자산"으로 강조했다. 또한, 비트코인을 "완벽한 돈"으로 칭하며, 탈중앙화와 한정된 공급이 이러한 가치 상승을 가능하게 할 것이라고 주장했다. 중국의 현재 엄격한 규제에도 불구하고 미래에 비트코인을 채택할 가능성이 있으며, 이러한 채택이 비트코인의 가치를 더욱 높일 수 있다고 설명했다. 그는 가능한 모든 자산을 비트코인으로 전환할 것을 권장했다.

한 교수가 자기 파괴적으로 설계되었기에 반드시 망할 것이라며 사기로 치부했던 비트코인과 이더리움은 현재 현물 ETF 승인으로 제도권에 편입되면서 승승장구하고 있다. 반면, 그 교수가 발행한 코인은 흔적 없이 사라졌다. 이것이 암호화폐 분야에 전문가가 없다는 증거이다.

03

상식 낚시꾼 아닌 정보 낚시꾼이 되라

▲ 정보는 금이다

2021년 4월, 대한항공 등 국내 8개 항공사가 기상청을 상대로 '항공 기상 정보 사용료' 인상에 반대하는 소송을 냈다가 최종 패소했다. '항공 기상 정보 사용료'란 기상청이 한국 공항에 착륙하거나 영공을 통과하는 국제선 항공기에 기상 정보를 제공해주는 대가로 부과하는 요금이다.

이렇듯, 정보가 곧 돈이다. 정보를 가진 자가 부를 가져가고 세상을 지배한다. 인류의 역사는 늘 정보 싸움이다. 정보는 곧 돈이고 권력이다. 예나 지금이나 변함이 없다. 정보는 시간이 지나면 널리 알려지고 알려지는 만큼 가치는 하락하게 된다. 정보를 모두가 알게 되면 가치 하락과 함께 상식이 된다. 정보는 가치를 갖지만, 상식은 가치가 거의 없거나 전혀 없다. 모두가 알고 있는 지식은 정보가 아니다. 상식이다. 정보 가치는 희소성을 갖는다. 그래서 가치가 있다. 정보는 빨리 알수록 가치가 높다. 처음 정보를 접한 사람들은 정보를 이용해 돈을 벌지만, 나중에 정보를 접하면 상식이 된 때라서 돈을 버는 도구로 사용이 안 된다.

같은 정보라도 먼저 알았을 때 가치가 있다. 세상은 급변하고 있다. 누가 먼저 정보를 갖느냐에 따라 부의 분배도 달라진다. 정보를 낚는 낚시꾼은 돈과 정보를 교환한다. 상식을 낚은 사냥꾼은 그냥 편리함을 받을 뿐이다. 정보는 알아봐주는 사람에 따라 가치가 달라진다. 누군가는 정보를 보고도 가치를 알아보지 못한다.

평생 돈만 벌다 가는 사람이 있고 평생 돈만 쓰다 가는 사람이 있다. 정보를 낚는 사람은 평생 정보를 낚으며 돈을 쓰다 간다. 상식을 낚는 사람은 평생 상식만 낚으며 돈을 벌다 생을 마감한다. 정보 낚시꾼은 돈을 써도 써도 주머니에 돈이 마르지 않는 화수분이다. 상식 낚시꾼은 돈을 벌어도 벌어도 주머니는 늘 비어 있다.

평생 돈을 쓰면서 살다 갈 것인가? 평생 돈만 벌다 갈 것인가? 상식 낚시꾼은 평생 돈을 벌어도 장례 치를 돈도 저승길 노잣돈도 마련하지 못한다. 벌지도 못하면서 고생만 한다. 이 책을 보고 있는 당신은 정보를 받은 운 좋은 사람이다. 비트코인을 알고 있다면 정보를 받은 것이다. 정보를 받아도 정보는 정확히 알고 행동할 때 돈이 된다. 그냥 알고 있는 것은 '카더라'에 의존한 잘못된 정보로 본인의 삶에 도움이 안 된다. 정보를 받았어도 정보인지 알지 못하면 아무런 소용이 없다.

♠ 정보 낚시꾼이 되어라

예전에는 정보에 접근하기가 어려웠지만, 지금은 누구나 마음만 먹으면 얼마든지 정보에 접근할 수 있다. 오히려 정보가 넘쳐난다. 자칫 거짓 정보에 걸려들면 낭패를 보기도 한다. 정보가 없어서가 아니라 정보의 홍수 시대에 살고 있다. 이제는 정보를 얻는 것보다 정보 분석 능력이 더 중요한 시대에 살고 있다. 정보 분석 능력이 곧 부와 직결된다. 정보를 빠르게 얻는 것도 중요하지만 분석하고 다루는 요령이 중요하다.

2000년대 초반에 주식방송 채널이 우후죽순으로 유행처럼 생겨날 때가 있었다. 주식으로 돈을 벌 수 있겠다는 생각이 들었다. 서점에 가서 주식 관련 도서 3권을 샀다. 3일 동안 잠을 자지 않고 몇 번이고 읽고 또 읽었다. 그리고 바로 애널리스트로 활동을 시작했다. 당시 건설 현장 일을 하면서 매일 밤 주식 관련 공부를 하고 있던 터라 어려움은 없었다. 그렇게 시작된 나의 주식 인생은 20년이 되었다.

애널리스트 활동을 시작할 때 증권사에서 모의투자 대회가 많았다. 애널리스트 활동을 시작한 그해부터 2년간 모의투자로 시상금만 5,000만 원 정도 벌었다. 당시에는 꽤 큰돈이었다. 정보를 빨리 접했기에 기회를 잡을 수 있었다. 건설 현장 일을 하면서 체념하고 그냥저냥 살았다면 아마 지금도 건설 현장을 벗어나지 못하고 근근이 살아가는 삶이 되었을 것이다. 건설 현장을 벗어날 수 있었던 것은 정보력이 있었기 때문이다. 결국 나는 정보를 얻었기에 삶을 한 단계씩 변화시켜 갈 수 있었다.

암호화폐 채굴장을 운영한 것도 경제적으로 매우 어려운 상황이었지만 채굴장이 생겨나던 초기에 정보를 찾아서 이것이다 싶어서 바로 중국 청도로 날아가서 창업을 시작하게 된 것이다. 그것이 지금 암호화폐와 인연을 맺게 된 계기가 되었다. 되돌아보니 정보는 한 번에 인생을 확 바꾸지 않는 것 같다. 물론 운 좋게 한 번에 바뀌는 때도 있겠지만 징검다리처럼 한 단계씩 밟아가다 보면 다음 기회를 만나는 것 같다. 아직 생겨나지도 않은 정보를 얻을 수는 없다. 하지만 정보에 접근하려고 노력하면 새로운 정보가 나타났을 때 눈에도 보이고 분석력도 생기는 것이다.

현실에 안주하며 누가 떡하니 갖다 주듯 기다려서 얻은 정보는 정보가 아니다. 오히려 나를 노리는 사기꾼들의 함정일 수 있다. 세상에는 수많은 정보가 존재하지만 쉽게 거저 얻어지는 정보는 없다. 쉽게 오는 정보라도 분석하고 검증하는 과정이 필요하다. 아무튼, 부단히 노력해야 한다. 정보 낚시꾼은 항상 촉을 세우고 산다. 그래야 정보를 움직이는 사람이 되고 부를 거머쥐는 사람이 된다.

지금 이 책을 읽고 있는 당신은 소중한 정보에 접근하고 있다. 이 책을 보고 나면 암호화폐 투자에 대한 기본은 갖출 것이다. 시장에서 매매하더라도 두려움은 사라질 것이다. 매매는 작은 기준만 갖고 있으면 얼마든지 수익도 내고 편안하게 투자할 수 있다.

정보를 낚으면 돈이 되고 상식을 낚으면 시간 낭비, 돈 낭비가 된다. 철

지난 과일과 신선도 떨어진 생선과 같다. 모두가 아는 정보는 가치가 없다. 남들이 알지 못하는 정보를 먼저 발견하고 분석하여 행동하면 돈이 된다. 남보다 빠른 정보는 인맥을 통해서 오기도 하고 스스로 찾아서 알게 되기도 한다. 스스로 찾아낼 때 가장 가치가 있는 정보가 발견되는 경우가 많다. 내 경우는 대부분 스스로 찾은 정보가 좋았다. 무엇이든 하고자 하는 절박한 마음으로 살피면 보인다. 깨어 있으면 보인다.

정보의 중요성을 다시 생각해본다. 당신이 알고 있는 블록체인과 암호화폐 정보가 얼마나 중요한 정보인지 파악하기 바란다.

04

부자와 가난뱅이는 한 수 차이다

⬆ 자신을 위해 일하는가, 남을 위해 일하는가

곳간지기는 힘이 있다. 곳간을 열 수 있는 열쇠를 들고 있기 때문이다. 곳간지기가 열쇠를 들고 있는 한 아무도 곳간을 열지 못한다. 대단한 권한 같지만 사실 공허한 힘이다. 힘이 있는 듯하나 피곤한 직업이다. 열쇠를 들고 있는 곳간지기는 부자가 아니다. 가난뱅이다. 부자의 곳간을 지켜주는 것뿐이기 때문이다. 곳간 주인은 따로 있다. 그가 주인이고 부자다. 가난뱅이는 곳간 열쇠를 갖고 있지만, 부자는 곳간을 갖고 있다. 가난뱅이는 부자를 위해 일하지만, 부자는 자신을 위해 일한다. 부자는 곳간을 가난뱅이에게 지키게 하고 자신은 즐기는 삶을 산다.

부자와 가난뱅이로 나누는 기준이 뭘까? 단순하게는 돈이 있고 없고의 차이다. 조금 더 깊게 들어가면 돈이 있고 없고는 삶의 기준이 있고 없고의 차이다. 자신을 위해 일하면 부자가 되고 남을 위해 일하면 가난뱅이가 된다. 기준이 없는 사람은 남을 위해 일하지만 기준이 있는 사람은 자신을 위해 일한다.

부자는 미래를 위한 기준을 갖고 일하지만, 가난뱅이는 현재만 생각하는 기준을 갖고 일한다. 상황은 미래에서 현재로 온다. 현재에 다다랐을 때 대처하는 것은 이미 늦다. 부자는 미리 계획하고 가난뱅이는 미리 계획하지 않는다. 부자와 가난뱅이의 한 수 차이는 바로 이것이다.

주식 투자를 하면서 급하게 가격이 하락할 때 기다리지 못하고 손절매를 하는 이유를 아는가? 손절매하는 이유는 지지선이 무너지면 오래도록 회복하기 어렵기 때문이다. 일단 손절매를 한다. 더 떨어지면 저점에 다시 잡아 매수 단가를 낮춘다. 빠른 손실 복구와 수익을 위해서다. 이것은 기본 이유이다. 그러나 진짜 이유는 가격 하락이 아니다. 단순히 수급이 무너져 하락하는 경우라면 기다리면 다시 복구된다. 문제는 수급이 아니라 악재다.

주식 시장에는 알 수 없는 악재가 곳곳에 깔려 있다. 작전이 난무하기도 한다. 기업이 정상 운영하고 있다면 일시적인 실적 악화는 그리 문제 되지 않는다. 언젠가는 회복이 될 수 있기 때문이다. 그런데 실적 악화로 버려진 주식을 작전세력이 손을 댄 경우라면, 이미 시세를 크게 주고 무너지고 있는 경우라면, 한 번 무너진 주가는 회복하지 못하고 상장폐지가 되는 경우가 많다. 그러니 미래에 대한 두려움으로 손절매를 한다. 가격 하락에 대한 두려움보다 영원히 회복할 수 없을까 봐, 너무 긴 시간을 기다려야 할까 봐 손절매한다. 코스닥 종목은 코스피 종목보다 훨씬 더 위험하다.

상장폐지 종목이 많이 나온다. 투자했다가 휴지가 된 사례는 많다.

　지인의 이야기다. 3,000만 원으로 주식 투자를 시작했다. 투자 당일에 코스닥 종목 중에 많이 떨어진 종목 하나에 3,000만 원 모두 투자했다. 생애 첫 투자였다. 처음 투자했는데 그날 급락하여 하한가로 마감했다. 장이 끝난 당일에 상장폐지 공지가 났다. 단 한 번의 매수로 투자금 전부를 날렸다. 그냥 휴지가 됐다.

　힘들어하는 지인을 보고 많이 안타까웠다. 일반인은 상장폐지 종목이 나올 때 대응이 불가능하다. 상장폐지 공지는 꼭 장이 끝나고 나온다. 대비할 수가 없다. 모든 주식은 주인이 있다. 시세를 주도하는 세력이 있다. 세력이 상장폐지를 알지 못하는 예는 없다. 모른다면 세력이 아니다. 상장폐지 되는 종목을 보유하는 세력은 없다.

　작전세력도 계획을 세우고 기준을 정하고 작전을 펼친다. 작전 중에도 생각지 못한 분위기가 감지되면 즉각 작전을 멈추고 추이를 지켜본다. 그리고 다시 계획을 점검한다. 이렇듯 자금력을 가진 작전세력조차 계획을 세우고 매매에 임하는데 개인은 무계획으로 매매에 임한다. 욕심만으로 덤빈다. 성공하지 못하는 것은 당연하다. 가난해지는 것도 당연하다. 계획이 있고 없고의 차이가 부자와 가난뱅이를 만든다. 계획이 있으면 부자가 되고 계획이 없으면 가난하게 살아가게 된다. 생각의 차이가 부자도 만들고 가난뱅이도 만든다.

⬆ 부자의 길을 선택하다

내 인생의 주인은 내가 되어야 한다. 부자가 되고 싶으면 칼자루는 내가 잡아야 한다. 남의 손에 맡긴 칼자루는 언젠가 썩고 만다. 제대로 관리를 하지 않아 비바람에 녹슬기 때문이다. 남을 위해 뼈 빠지게 일해도 나의 삶은 나아지지 않았다. 항상 가난뱅이였다. 나는 평생 남의 성공을 만들어 주기만 했다. 성공 제조기 역할만 했다. 남을 위해 밤낮을 가리지 않고 열심히 일했다. 그들은 목적을 이루고 부자가 되어갔다. 하지만 나는 항상 가난했다. 가난뱅이 신분을 벗어날 수가 없었다. 이방인으로서 조력자 역할만 했다.

생각을 바꾸었다. 내가 직접 칼자루를 잡기로 했다. 나에게는 당시 2억 원이 넘는 부채와 중국 청도로 가는 비행기 표 2장만 남아 있었다. 그렇게 나의 부자 여행은 시작되었다. 맨땅에 헤딩하는 길은 순탄하지 않았다. 험난했고 힘들었다. 하지만 극복했고 지금의 성공을 만들었다. 생각을 바꾸면 바로 길이 열리는데 평생 칼자루를 잡아볼 생각을 하지 못한 것이다. 돈이 없으면 아무것도 못 하는 줄 알았다. 돈이 없어도 나는 법인 회사를 설립하고 창업했다. 칼자루를 내가 잡았기 때문이다.

나 홀로 창업이었다. 중국에 함께 갔던 지인을 임시직으로 하고 사업을 시작했다. 창업이 이렇게 쉬울 수가 있나 싶었지만 창업했다. 암호화폐를 채굴해주는 회사였다. 암호화폐를 채굴할 위탁자 모집을 시작했다. 초기에 위탁자를 모집하는 일은 쉽지 않았다. 창업 초기 어렵게 살고 있던 동생을 불러 일을 좀 도와달라고 했다.

사업은 돈으로 하는 게 아니라는 말을 들은 적은 있었지만 믿지 않았다. 모두가 그냥 하는 소리라 생각했다. 창업 자금이 없는데 어떻게 창업을 하나 생각했다. 내가 창업을 해보고 알았다. 창업은 돈만으로 하는 게 아니었다. 창업은 돈보다 생각이 중요하고 행동이 중요했다. 물론 어떤 사업을 할지 아이템은 찾아야 한다. 아이템이 있고 창업할 생각만 있으면 행동하면 어떻게든 길은 열린다.

부자가 아니라면 부자가 되겠다는 생각부터 하고 자신이 누구인지, 뭘 할 수 있는지, 어떤 길을 걸어왔는지, 정리하고 파악해야 한다. 가난은 나로 끝나지 않는다. 나로 끝나면 다행이지만 대대손손 대물림된다. 누군가 끝을 낼 때까지 대물림된다. 아버지는 가난했다. 나도 가난하다. 내 자식도 가난하게 살 확률이 매우 높다. 내가 부자가 된다면 내 자식도 부자로 살아갈 확률이 매우 높아진다. 나는 아이들에게 취직하라고 하지 않는다. 절대 취직하지 말라고 한다. 취직은 인생을 낭비하는 길이다. 경험 쌓기 정도라면 괜찮다. 붕어빵을 팔더라도 내 사업을 하라고 한다. 나도 다 해봤다. 붕어빵, 고물장사, 건설현장, 증권 방송 등등 다 해봤다. 경험은 큰 재산이 된다. 수많은 경험이 나를 만들었다. 한곳에 오래 머물지는 마라. 고인 물은 썩는다. 경험은 짧을수록 좋다. 경험은 많을수록 좋다.

한 기사에서 어느 기업의 비서실장으로 일했던 사람의 폭로가 나왔다.

"안 씨는 지난 1973년 대한방직에 입사한 후, 1985년부터 2001년까지

17년 동안 설원식 명예회장의 비서로 일했다. 그는 '매일 아침저녁으로 회장님의 혈압을 체크하는 것부터 사적인 업무까지 도맡아 일했다' (중략) 안 씨는 '설 명예회장을 옆에서 가장 오래동안 모셨던 사람으로 그분에 대한 믿음도 컸었다'면서 '하지만 한스종금 사태 등을 거치면서 뒤늦게 설 씨 일가의 머슴일 뿐이라는 생각이 들었다'고 회고했다."

대기업에 취직했다고 좋아하지 마라. 잠시 경험을 쌓고 나와야 하는 임시직이다. 잠시 경험을 쌓고 탈출하지 않으면 평생 머슴으로 살아야 한다. 김대감 댁, 최진사 댁 머슴으로 취직했다고 그리 좋아할 일이 아니다.

부자가 되느냐, 가난뱅이가 되느냐는 생각의 차이에서 시작된다. 한 수차이다.

05

앞으로 3년 블록체인이 세상을 뒤집는다

비트코인이 세상에 등장했을 때 아무도 관심 두지 않았다. 그렇게 세월은 흘렀다. 비트코인을 네트워크 상품으로 만들어 채굴하는 사람들이 하나둘 늘어났다. 동호회가 만들어졌다. 그들만의 리그가 만들어져 결제되는 시스템을 만들어 나갔다. 비트코인은 그렇게 세상을 향해 아장아장 걸어 나왔다. 흔하디 흔한 네트워크의 일종으로 철저히 무시됐다. 점점 자라기 시작했다. 세상 사람들이 관심을 가지기 시작했다. 뭔가 수상했다. 블록체인이 비트코인에 숨어 있다는 것을 알게 되었다. 그때부터 블록체인에 관심이 집중되었다. 4차 산업혁명을 이끌 기술이 등장했다며 세상은 흥분하기 시작했다.

블록체인은 좋은데 비트코인은 싫다. 기득권층의 기존 틀을 깨고 화폐제도를 부정하는 일이 벌어질 수 있는 비트코인이 눈엣가시처럼 여겨졌다. 인정할 수가 없었다. 사기로 몰아붙이며 부정하고 또 부정했다. 하지만 비트코인은 죽지도 않았고 기죽지도 않았다. 억압하면 할수록 용수철처럼 강하게 튀어 올랐다. 든든한 배경 블록체인만 믿고 까부는가 싶었다. 그런데 그게 아니었다. 우후죽순으로 암호화폐들이 등장하기 시작했고 시장을 만들어나갔다. 세상이 깜짝 놀랄 정도의 무서운 기세로 달아올랐다. 때로는 끝없는 공포를 조성하며 고개를 숙이기도 했다. 하지만 비트코인은 다 계획이 있었던 모양이다. 결제 시스템을 기다리고 있다. 등락을 거듭하며 갈 길을 가고 있다.

⬆ 암호화폐의 글로벌 확산과 한국의 대응

많은 나라에선 암호화폐가 실생활에서 결제 수단으로 쓰이고 있다. 암호화폐는 다양한 형태로 진화 중이다. 세계적으로 암호화폐를 결제 수단으로 사용하는 사례는 너무도 많다. 미국의 전기차 회사인 테슬라가 비트코인 결제를 시작했고 스타벅스도 암호화폐 결제를 받고 있다. 세계 최대 간편 결제 기업인 페이팔도 암호화폐로 결제를 할 수 있다. 글로벌 공유오피스 업체인 위워크도 비트코인 결제를 허용하고 있다. 비트코인은 이미 세계적인 화폐다. 글로벌 화폐가 된 것이다.

이렇게 세계가 비트코인을 인정하고 암호화폐 세상을 열기 위한 준비를 분주히 하는 가운데 한국은 문을 굳게 걸어 잠그고 있다. 한국은 비트코인을 투기의 대상으로 보고 있다. 내재 가치가 없다고 한다. 돌멩이라고 한다. 장난감이라고 한다.

인터넷이 처음 보급될 때 많은 국가가 우려했다. '모든 정보가 대중에 공개되면 대혼란이 올 것이다. 결국, 여러 가지 문제로 인터넷은 필연적으로 망하게 될 것이다.'라며 인터넷 보급을 불법으로 규정한 국가도 있었다. 그러나 인터넷이 보급되면서 삶의 모습은 급변했다. 가장 대표적인 예가 이메일이다. 이메일이 등장하면서 손편지가 사라졌다. 이메일은 기다리지 않고 실시간으로 소식을 전할 수 있다. 빠른 소통은 분명 장점이다. 인터넷의 보급으로 인간적인 면이 많이 사라지고 기계화되었다. 사람들은 더 많은 편리함을 얻었다.

지금은 어떤가? 인터넷 없는 세상을 상상이나 할 수 있겠는가. 인터넷이 마비되면 세상은 암흑천지로 변한다. 모든 생활은 마비된다. 단 한시도 살지 못한다. 그렇게 아우성칠 것이다.

인터넷이 처음 보급될 때 우려하던 목소리가 그대로 재현되고 있는 것이 있다. 바로 암호화폐다. 전 세계가 암호화폐로 뜨겁다. 태양 중심부보다 더 뜨겁다. 인터넷이 처음 보급될 때보다 더 난리다. 이것이 무엇을 의미하는지 알겠는가. 이를 아는 사람은 매우 드물다. 생활에 지대한 영향을 미쳤던 인터넷보다 더 큰 놈, 더 센 놈, 더 대단한 놈이 나타난 것이다. 이것을 육감적으로 느끼는 사람은 먼저 움직이며 미래로 나아가고 있다. 알지 못하는 이들은 자신의 알량한 지식과 잣대만으로 그것을 재단하고 세상에서 가장 똑똑한 사람인 양 훈수를 둔다. 프로들이 두는 바둑판에 9급이 훈수를 두는 격이다. 이 얼마나 웃을 수도 울 수도 없는 현실인가. 그런데 9급이 프로보다 더 목소리가 높다. 프로는 조용히 미래로 나아갈 뿐이다.

인터넷 보급을 반대하던 때처럼 암호화폐를 똑같은 관점에서 바라보고 있다. 인간은 뛰어난 학습 능력을 갖추고 있다고 한다. 비슷한 상황이 다시 나타나면 학습 효과로 잘 대처한다고 한다. 맞는 말이다. 그런데 나는 이를 인정하지 않는다. 간과하는 게 있기 때문이다.

인간은 대부분 같은 상황이 다시 발생해도 똑같은 우를 범한다. 가능한 대처는 아주 똑같은 상황이거나 상식선을 벗어나지 않는 상황에 해당하는 말이다. 상식선을 조금이라도 벗어나면 대처 능력이 상실된다. 1+1=2다. 이 공식이 맞아야 정답이라 생각한다.

인류는 상식에 갇혀 있지 않았기 때문에 발전을 거듭해왔다. 발전을 주도한 사람은 늘 미친 사람 취급받았다. 상식에 갇혀 있으면 절대 발전할 수 없다. 1+1은 3이 되기도, 5가 되기도, 100이 될 수도 있다고 생각을 열어두어야 한다.

2018년 초 한 인터뷰에서 유시민 작가는 "암호화폐(가상화폐)는 인간의 어리석음을 이용해 누군가 장난쳐서 돈을 뺏어 먹는 과정이다. 지금 고등학생들까지 자기 돈을 넣고 있다. 거품이 딱 꺼지는 순간까지 사람들은 사려 들 것이다. 다 허황된 신기루를 좇는 것"이라고 말했다.

2018년 초에는 박상기의 난으로 불리는 사건이 있었다.

"산업자본화해야 할 자금이 암호화폐로, 해외로 빠져나가고 버블이 붕괴되었을 때 개인이 입을 손해를 생각하면 너무나 우려된다. 그러니 암호화폐 거래소 폐쇄까지 목표로 한다."

당시 박상기 법무부 장관이 한 말이다. 비트코인을 돌멩이라고 한 발언은 두고두고 화제가 되었다. 당시 암호화폐는 김치 프리미엄 바람까지 일으키며 우리나라를 전 세계에서 가장 주목받는 나라로 만들었다. 하지만 박상기의 난으로 바람은 곤두박질치기 시작했고 한국 거래소의 위상도 추락하고 말았다.

세계는 한국을 보고 있었고 '한국으로 가자'라는 열풍이 불었지만, 그 후로 한국은 잊혀갔다. 한국의 유능한 인재들과 암호화폐 기업들은 생존을 위해 해외로, 해외로 자리를 옮기는 안타까운 상황이 벌어졌다. 암호화폐를 선도하는 세계의 중심 국가가 될 수 있는 절호의 기회를 놓친 것이다.

나도 당시 채굴장을 운영하고 있었다. 그 때문에 영향력 있는 유시민 작가의 발언과 박상기의 난으로 인한 피해가 컸다. 그로 인해 회사는 채굴을 중단하고 문을 닫아야 하는 지경이 되었다. 아쉬움이 많았다. 당시 한국 사회가 조금이라도 깨어 있었다면 나는 지금 수백억 원의 재산을 모았을 것이다.

▲ 앞으로의 3년

나는 블록체인이 살아 움직이는 생태계를 조성하여 암호화폐를 발행하는 기업을 창업하려고 한다. 암호화폐를 발행하는 기업을 만들고자 하는 것은 인터넷이 처음 보급될 때 멸시를 받으며 많은 기업이 탄생했듯이 그런 기업을 만들고자 하는 것이다. 지인 중에는 이미 암호화폐를 발행해 유명 거래소에서 거래하고 있다. 생태계를 만들기 위해 노력하고 있다. 하지만 아직 괄목할 만한 결과를 내는 기업은 나타나지 않고 있다.

암호화폐를 발행하는 기업을 만들기 위해선 먼저 생태계 조성을 어떻게 할 것인가를 연구하는 것이 더 중요하다. 결국, 생태계 조성을 누가 먼저 해내느냐가 관건이다. 암호화폐는 언제든지 누구나 쉽게 만들 수 있다. 문제는 생태계 조성이다. 아직은 여러 가지 준비할 것이 많다. 서두를 일도 아니다. 기회는 얼마든지 있고 초기 단계다. 향후 3년 안에는 큰 기회가 올 것이다. 그날을 준비하고 있다.

나와 사업을 처음 구상했던 지인과 어느 날 암호화폐에 대해 논한 적이 있다. 지인이 물었다.

"돈을 벌고 싶은 거냐, 세상을 바꾸고 싶은 거냐?"

나는 1초도 망설이지 않고 답했다.

"세상을 바꾸고 싶다."

아직은 모두가 암호화폐를 단순한 투자 상품으로만 보고 있다. 암호화폐가 무엇인지 제대로 알지 못하고 있다. 현재 한국은 암호화폐를 가상자산으로 명칭을 통일해 사용하고 있다. 하지만 머잖아 암호화폐나 다른 이름의 미래 법정화폐로 분류될 것이다. 블록체인 전문가라고 하는 사람 중에도 암호화폐가 법정화폐가 될 것이라고 믿는 전문가는 매우 드물다. 이것이 암호화폐의 현주소다. 암호화폐를 발행하는 기업을 만들려는 진짜 이유는 세상에 도움이 되는 것을 만들기 위해서다. 블록체인은 달리고 싶다. 블록체인은 암호화폐 결제 시스템이 완료되면 본격화된다. 아직은 초기 단계지만 어느 날 세상은 블록체인 세상이 되어 있을 것이다. 앞으로 3년을 주목하라. 준비하지 않으면 많이 낯설게 뒤집힌 세상을 보게 될 것이다.

06

부자들이 비트코인을 잡는 이유가 있다

♠ 비트코인으로의 이사

부자들은 어떻게 부자가 되었을까? 돈을 많이 벌어서 부자가 되었다. 돈은 어떻게 많이 벌었을까? 부자들은 돈을 좋아한다. 돈은 자신을 좋아해주는 사람을 좋아한다. 일방적인 사랑은 짝사랑이다. 부자들은 돈을 사랑한 것이다. 돈도 부자를 사랑한 것이다. 미워하는데 함께하고 싶겠는가? 부자들은 왜 돈을 사랑했을까? 돈이 되니까 돈을 사랑했다. 돈은 왜 부자를 사랑했을까? 사랑받으니까 사랑한 것이다. 돈을 사랑하면 할수록 돈도 부자를 사랑한 것이다. 부자는 돈을, 돈은 부자를 서로 사랑했다. 누가 먼저랄 것도 없이 사랑했다. 그렇게 부자와 돈은 끝없는 부를 만들어갔다. 운명적인 만남이다. 부자는 사랑의 결과물이다. 부자는 돈이 무슨 짓을 해도 믿고 따른다. 돈은 부자가 무슨 짓을 해도 믿고 따른다. 그렇게 둘은 천생연분이 된 것이다.

돈이 부자에게 말했다.

"나 이제 비트코인으로 이사 갈 거야."

"왜?"

"종이에 갇혀 산 지도 오래됐고, 답답해."

"뭐가 답답한데?"

"외국에 가는 데 시간이 오래 걸리고, 환전하면서 수수료 많다고 투덜대는 인간들도 많고."

"비트코인은 어떤 건데?"

"응, 단 몇 분이나 몇 초 만에 해외까지 바로 갈 수 있어."

"그렇게 빨리?"

"속도도 빠르지만, 디지털 화폐라 물에 젖지도 않아. 비가 와도 걱정 없어, 환전수수료도 싸고."

"그렇게 편리한 게 있어?"

"비트코인뿐만 아니라 암호화폐가 많아. 모두 가족이야."

"그럼 나는 어떡하지?"

"뭘?"

"나도 이사 가야 해?"

"여기 있으면 금고 속에 있는 화폐 모두 휴지 되는데?"

"엥? 저런! 그럼 빨리 나도 이사 가야지, 언제까지 짐 챙길까?"

"빨리 챙길수록 좋아."

그렇게 해서 부자는 비트코인으로 이사를 하기 시작했다. 부자와 돈의 연인 관계가 탄탄할수록 빨리 이사를 하고, 믿음이 부족하면 이사를 늦추거나 망설이게 된다. 선택은 부자가 알아서 하면 된다. 부자는 돈을 사랑했기에 부자가 되었다는 사실을 안다. 그래서 서둘러 이사를 준비한다. 믿고 사랑하기 때문이다. 모든 부는 믿음의 결과물이다. 1970년대 강남 개발이 한창일 때 강남 땅 가격이 폭등해 1년 사이에 10배 이상 올랐다. 이때부터 강남 땅은 투기의 대상이 되었다. 투기로 일확천금을 벌게 된 땅 부자들이 속출했다. 특히 경제적으로 여유가 있던 가정주부들이 개발 열풍과 투기에 뛰어들어 큰돈을 벌었다. 이때 복부인이라는 신조어가 생겼다. 비트코인이 새로운 시대를 준비하며 또 다른 복부인을 만들어가고 있다. 경제적으로 여유가 있는 사람 중에 복부인이 나오기 시작했다. 애초부터 부자였다는 것이다. 부자는 돈 냄새를 잘 맡는다. 복부인을 비난하는 가난한 사람이 될 것인가? 복부인을 따라가 부자가 될 것인가? 또 다른 선택권이 앞에 놓여 있다.

▲ 역사 속의 화폐 개혁과 새로운 기회

2016년 암호화폐 설명회 때 만난 고객이 해준 일화를 소개한다. 고객이 어릴 때 아버지한테 들은 얘기라고 했다.

"1962년 화폐 개혁이 있었는데 그때 아버지는 구권을 신권으로 교환해야 하는 시기를 놓쳐서 교환하지 못했다고 한다. 결국, 구권은 돈이 아닌 휴지가 되었다고 했다."

우리나라는 2번에 걸쳐 화폐 개혁을 했다. 1953년 2월에 1/100로 화폐 가치를 절하하는 화폐 개혁을 했다. 1962년 6월에 1/10로 화폐 가치를 절하하는 화폐 개혁을 단행했다. 화폐 개혁을 할 때 일정 기간을 주고 구권을 신권으로 교환하도록 했다. 기간 내에 교환하지 않으면 구권은 돈이 아니라 아무런 가치가 없는 그림이 그려진 휴지에 불과하다. 기간 내에 바꾸어야 돈의 가치를 가질 수 있었다.

2016년 당시 강의를 하면서 내가 강조했던 말을 정리해본다. 당시만 해도 한국은 비트코인이나 암호화폐에 대한 인식이 전혀 없던 때였다.

"암호화폐 세상이 오고 있다. 미래는 새로운 부의 주인공들이 다스리는 나라가 된다. 암호화폐를 미리 알고 돈을 버는 사람들이 다음 세상의 주인이 된다. 암호화폐를 통해 부가 재분배되고 있다. 2016년, 일본은 이미 비트코인을 제도권으로 편입하기 시작했고 중국은 암호화폐를 가장 먼저 상용화시키는 나라를 만들겠다며 연일 언론에 홍보를 강화하고 있다. 해외는 이미 암호화폐에 대해 전깃불을 켜고 있는데 한국은 호롱불을 켜고 있는 형국이다. 중국에 있는 아무 은행에 가서 직원들에게 암호화폐를 모르는 사람 손들라고 하면 한 명도 없을 것이다. 반면 한국에 있는 아무 은행이나 들어가서 암호화폐를 아는 사람이 있으면 손들어 보라고 하면 한 명도 없을 것이다. 중국 은행 직원은 암호화폐를 모르는 직원이 한 명도 없는데 한국 은행 직원들은 암호화폐를 아는 직원이 한 명도 없다. 이것이 현실이라며 힘주어 말하고 현 정치권이 한심하다고 했던 기억이 난다. 지금 시대가 혼란스러워 '믿을 만한 화폐가 없다.' 생각할 수도 있다. 미국은 망할 나라가 아니라 생각하고 달러로 바꿔놓을 수 있다. 달러를 가장 믿을 수 있는 화폐라 생각하는 것이다. 원화를 모두 달러로 바꾸어 금고에 넣어 두었을 때 금고에 넣을 때는 분명 화폐 가치를 갖는 돈이다. 하지만 암호화폐 세상이 올 때 빨리 암호화폐로 환전하지 않으면 휴지가 될 것이다. 화폐 개혁이 일어날 때 구권(달러)을 신권(암호화폐)으로 환전하지 않으면 휴지가 된다. 한 국가의 문제가 아니다. 이번에는 글로벌이 약속하고 통용하는 암호화폐다."

암호화폐 시대를 준비하는 길목에서 부자들은 또 돈 냄새를 맡았다. 부자들은 촉이 남다르다. 세계 최고의 자동차 회사 테슬라의 대표 일론 머스크도 비트코인으로 자동차를 살 수 있도록 했다. 그도 암호화폐에 투자한다. 세계 최고의 부자가 가는 길을 따라갈 것인가? 깡통을 든 거지를 따라갈 것인가? 선택은 자유롭게 하면 된다. 부자들은 다음 시대에도 부자로 살고 싶은 것이다. 다음 시대의 돈을 사랑하기로 한 것이다. 비트코인과 동행하는 이유다. 돈이 많아서 자선사업 하자고 부자들이 비트코인으로 이동하는 것이 아니다. 미래의 부를 거머쥐기 위해서다.

세계 최대 부자 1위인 일론 머스크는 비트코인 광팬이다. 수시로 비트코인을 지지하는 발언을 한다. 그는 실제로 비트코인을 많이 보유하고 있다. 50억 달러 이상 보유하고 있다.

부자는 부를 형성한 과정이 있다. 시대의 흐름을 빨리 읽어낸다. 남보다 먼저 기회가 오고 있음을 안다. 부자들은 기회를 놓치지 않고 부의 길을 찾아간다. 그래서 부자인 것이다. 개인들만 비트코인에 미쳐 있는 것이 아니다. 부자도 기업도 기관도 국가도 비트코인에 미쳐가고 있다. 자연스러운 현상이다. 블록체인이 열어가는 새로운 시대가 제대로 작동하고 발전해가려면 모두 다 미쳐야 한다. 모두가 암호화폐를 알아야 한다. 모두가 돈을 벌 수 있다는 생각을 해야 한다. 그래야 전 세계인들이 암호화폐를 보유하게 된다. 모두가 보유하는 그날이 되면 시스템이 가동된다. 그때까지 암호화폐는 베일에 싸인 채로 퍼져간다. 한 번에 모두가 돈이 된다 생각해버리면 비트코인은 아수라장이 되고 국가 체계에 대혼란이 온다. 혼란을 최소화하고 미래 세상을 만들어가는 것이 필요하다. 비트코인은 자연정화 능력을 갖추고 서서히 그리고 정확하게 계획대로 성장하고 확산되어가고 있다. 비트코인 뒤에는 블록체인이 응원하고 있다.

07

암호화폐는 부의 추월차선이다

▲ 현금 없는 세상

현금 없는 세상이 온다. 아날로그 시대를 지나 디지털 시대로 전환되고 있다. 모든 것이 변하고 있다. 돈도 변하고 있다. 현금을 사용하던 시대는 끝났다. 아날로그 화폐에서 디지털 화폐로 전환이 시작되었다. 아날로그 화폐에서 디지털 화폐로 전환되는 과정에 막대한 부가 창출된다. 부의 대이동이 시작된 것이다. 어떤 상품이든 많은 사람이 알고 소유하고 사용하게 하려면 알리고 홍보를 해야 한다. 알려지지 않으면 판매가 되지 않고 사용되지도 않는다. 법규도 알려지지 않으면 지켜지지 않는다. 알지 못하면 사용되지도 지켜지지도 않는다. 당연하다.

디지털 화폐가 새로운 역사를 준비하고 있다. 디지털 화폐가 세상의 돈으로 사용되려면 많은 사람이 알아야 한다. 소유해야 한다. 널리 사용되어야 한다. 국가를 울타리로 정하고 한정되어 사용되던 화폐가 디지털 시대에는 전 세계인이 공통으로 사용하는 화폐로 진화한다. 전 세계인들에게 디지털 화폐를 가장 빠르게 보급하는 방법은 디지털 화폐를 보급하고 사용하면 이익이 된다는 인식을 심어주고 돈이 되는 유통 구조를 만드는 것이다. 디지털 화폐는 비트코인의 모습으로 시작되었다. 비트코인을 시작으로 수많은 디지털 화폐가 만들어지고 있다. 이를 가상화폐, 암호화폐, 가상자산이라 부르고 있다. 미래의 화폐, 즉 암호화폐다.

암호화폐는 미래의 화폐로 진화해가고 있다. 화폐가 널리 퍼져 사용되도록 하는 역할을 하는 사람들이 있다. 암호화폐 유통업자다. 이들은 암호화폐에 투자하여 막대한 부를 창출해내고 있다. 비트코인을 비롯하여 많은 암호화폐가 폭등 시세를 만들어가면서 전 세계가 열광하고 있다. 하지만 아직은 대부분의 사람들이 암호화폐가 미래에 사용될 전 세계 디지털 화폐라고 인식하지 못하고 있다. 암호화폐가 화폐로 사용되기 위해서는 결제 시스템이 완벽하게 갖춰져야 한다. 먼저 많이 보급이 되어야 한다. 지금은 보급이 우선시되어야 하는 시기다. 암호화폐를 유통하면 수익이 된다는 인식하에서 널리 보급되어야 한다. 그 다음에 결제 시스템이다. 결제 시스템만 완벽하게 장착되면 세계인들이 어느 날 암호화폐로 빵을 사고 일상생활을 하게 된다. 그날을 준비하기까지는 암호화폐 유통업자들에게는 엄청난 부가 분배될 것이다. 이렇게 한 발 한 발 디지털 화폐 세상으로 넘어가고 있다. "니들이 게 맛을 알아?" 광고가 생각난다. 비트코인이 말한다.

"니들이 비트코인 참뜻을 알아?"

☚ 시뇨리지와 암호화폐

화폐를 발행하면 시뇨리지가 발생한다. 시뇨리지는 화폐를 발행할 때 발생하는 이익이다. 화폐 액면가에서 제조비용과 유통비용을 뺀 것을 시뇨리지라고 한다. 시뇨리지는 화폐를 발행하고 유통하는 주체인 중앙은행이나 국가가 가져간다. 지금까지 화폐는 중앙은행이나 국가가 발행하고 유통했다. 주체가 중앙은행이나 국가였다. 하지만 암호화폐는 발행 주체가 없다. 암호화폐는 발행 주체를 특정할 수가 없다. 이런 상황에서 누가 발행하고 누가 유통할 것인가?

시뇨리지에 해법이 있다. 화폐를 발행하고 유통한 대가로 중앙은행과 국가가 가져가던 시뇨리지를 암호화폐 유통업자에게 나눠주는 것이다. 중앙은행과 국가가 독점하던 시뇨리지를 암호화폐 유통업자들에게 분배함으로써 암호화폐는 널리 알려지고 보급될 수밖에 없다. 바로 이 문제를 이해하면 최근 암호화폐 가격이 급등하는 이유를 알게 된다. 반드시 상승할 수밖에 없다는 것도 알게 된다. 이 원리를 이해하면 암호화폐 유통에 참여해 큰돈을 벌 수 있다. 이미 수백억 수천억 원을 번 사람들이 나왔다. 남보다 한 발 앞선 혜안을 가진 복 있는 자들이다. 누군가는 수백억 수천억 원을 벌고 있는데 아직도 사기라고 외면하는 이들은 부의 재분배 대열에 참여할 수가 없다. 다만 미래에 편리한 화폐를 사용하는 사용자로 남을 것이다.

암호화폐를 알리고 유통하는 데 일조하고 돈도 벌고 편리한 세상을 누릴 것인지, 안전이란 명분으로 지켜만 보고 열어놓은 미래에 편리함만 누릴 것인지 선택하면 된다. 자유다. 아무도 강요하지 않는다. 막아도 디지털 화폐 세상은 기어이 온다. 아무도 막지 못한다. 부의 재분배가 시작된 것이다. 부의 추월차선에 이미 탑승하고 충분한 보상을 받고 있는 사람들이 매일 늘어나고 있다. 나도 매일 분배 받고 있다.

⬆ 부의 추월차선, 지금이 기회다

부의 추월차선은 탑승을 강요하지 않는다. 스스로 알아서 타는 것이다. 선택을 받는 사람만 탑승할 수 있는 것도 아니다. 거대한 노아의 방주가 준비되었다. 탑승 여부는 스스로 결정하면 된다. 부의 주인공이 되고자 노력하는 사람들. 누가 다음 시대의 부의 주인공이 될 것인가?

『부의 미래 누가 주도할 것인가』의 저자 인호 교수와 오준호 작가는 다음과 같이 말했다. 저자 인호 교수는 고려대학교 컴퓨터공학과 교수이며 한국을 대표하는 블록체인 연구 최고 권위자 가운데 한 명이다. 저자 오준호는 서울대학교 국문학과를 졸업하고 논픽션 작가로 활동하고 있다.

"게으른 사냥꾼은 노루를 보고서야 그물을 짊어진다고 한다. 그때는 그물 들고 쫓아가봐야 이미 늦다. 시간이 흘러 디지털 자산시장의 틀과 메인 플레이어가 다 정해진 후에야 기회를 찾겠다며 나서는 우를 범해서는 안 된다.

미래의 부는 비싼 자산을 누가 가지고 있느냐에 달려 있지 않다. 디지털 자산을 투명하고 안전하게 관리하는 기술, 글로벌 자산 거래에 필요한 여러 서비스를 먼저 제공할 수 있는 이들이 부의 새로운 주인이 된다."

모든 기회는 때가 있다. 기회를 놓치면 더는 기회가 없다. 암호화폐는 지금 수많은 이들에게 기회를 주고 있다. 부의 추월차선에 탑승하라고 소리치고 기회를 주고 있다. 기회는 무한정 주어지지 않는다. 3년 후 암호화폐는 세상 속으로 깊이깊이 스며들었을 것이다. 전 세계인들이 암호화폐를 보급받고 사용하는 그날까지만 시뇨리지 효과가 있다. 암호화폐가 지금의 돈을 대체하는 때가 오면 암호화폐 시세는 더는 폭등하지 않는다. 시뇨리지가 사라진다. 돈으로 정착한 것이다. 목적지에 안착한 것이다. 암호화폐가 변동성이 커서 화폐가 될 수 없다고 주장하는 사람은 암호화폐의 기본 속성을 알지 못하기 때문이다.

지인 중에는 이미 부의 추월차선에 탑승하여 수천억 원의 부를 만들고 미래를 누리는 이가 있다. 수백억을 벌어서 미래 사업을 하는 이도 있다. 수십억을 벌어서 더 큰 부를 만들어가고 있는 이도 있다. 부의 추월차선에서 분주히 살아가는 행복한 이들이 너무도 많다. 중요한 것은 몇 년 전까지만 해도 이들은 출근할 차비가 없고, 담뱃값이 없고, 라면 한 그릇 마음 놓고 사 먹을 수 없었던 사람들이다. 믿음이 먼저 생겼기에 먼저 탑승한 것이다. 나도 부의 추월차선에 탑승했다. 보이는가? 눈앞에 부의 추월차선이 준비되어 당신이 탑승하기를 손짓하며 기다리고 있다. 관심이 없고 믿음이 가지 않는다면 귀 막고 눈 감으면 된다. 가난이 웃으며 기다릴 것이다.
　주변의 말에 귀 기울이지 마라. 그들은 말한다. '암호화폐는 말 그대로 가상화폐다. 허상이다. 장난감이다. 돌멩이다. 사기다. 내재 가치가 없다. 거품이다. 한 방에 훅 간다.' 그들은 부의 추월차선에 탑승하고 있지 않다.

부의 추월차선을 본 적도 없다. 아무런 논리적인 근거도 없다. 그냥 우기고 본다. 결국, '가장 똑똑한 사람'이다. 그는 평생 가난하게 살아간다. 성공자와는 거리가 멀다. 남의 말을 추종하는 못난이에 불과하다. 당신의 꿈을 훔치고 꺾는 드림 킬러다. 드림 킬러는 당신, 가장 가까운 데 있다. 그들을 경계하고 부의 추월차선에 탑승해야 한다.

나도 한때는 드림 킬러였다. 처음에 비트코인 사업을 하자던 친구가 있었다. 나는 그때 그 친구에게 "많고 많은 일 중에 하필이면 왜 그런 사업을 하냐?"라고 했다. 그 친구는 지금 수천억 원의 부를 이룬 성공자가 되었다. 불과 몇 년 사이에 일어난 일이다. 그 친구가 내 말을 들었다면 그는 여전히 가난하게 살았을 것이고, 나는 못된 드림 킬러가 되었을 것이다. 다행히 그 친구는 부의 추월차선에 올라탔다. 보란 듯이 성공했다. 그 친구가 부럽다. 그때 함께했으면 나도 수천억 부자가 되었을 것이다. 이건 사실이다. 왜냐하면, 그때 함께한 여러 명이 모두 수천억 부자가 되었기 때문이다. 하지만 지금이라도 부의 추월차선에 타고 있는 나는 행복하다. 다소 시간이 늦을 뿐이다. 부러운 친구의 모습은 몇 년 후 나의 모습이기 때문이다.

당신은 가난을 벗어던질 부의 추월차선을 갖고 있는가? 갖고 있지 않은가? 답을 찾지 못하겠다면 지금의 일상을 내려놓고 템플스테이라도 하면서 며칠 여유 시간을 가져보는 것도 좋다. 혼자 여행을 가도 좋다. 인생을 잠시 쉬어보는 것도 좋다. 좀 더 달려도 달라질 게 없다. 새로운 길을 모색해보는 것도 좋다. 나는 그렇게 길을 찾았다. 강원도 여행이 내게는 부의 추월차선을 발견하고 탑승하게 된 계기가 되었다. 부의 추월차선은 행복하다. 만족한다. 나는 블록체인 생태계가 살아 움직이는 세상 속 기업을 만드는 꿈을 꾸고 있다.

부의 추월차선은

탑승을 강요하지 않는다.

스스로 알아서 타는 것이다.

선택을 받는 사람만 탑승할 수 있는 것도 아니다.

BLOCK CHAIN

제 4 장

블록체인과
암호화폐의
투자 전략

REVOLUTION

01

암호화폐 대박을 꿈꾸다 쪽박 찬다

♠ 투자와 투기의 차이

"위험한 장사가 돈 남는다."라는 말이 있다. 맞는 말이다. 위험이 따르는 만큼 보상도 크다.

나는 최전방 휴전선에서 군 복무를 했다. 북한과 가장 가까운 거리에서 근무했다. 국방의 의무지만 군대도 위험이 크면 생명 수당이 나온다. 내가 복무할 때 이등병 월급이 3,500원이었고, 병장 월급은 4,900원이었다. 당시 생명 수당으로 하루 100원이 추가로 지급되었다. 월급에 3,000원이 추가되었다. 생명 수당이 월급만큼 나왔으니 당시로서는 상당한 금액이었다. 하이 리스크 하이 리턴(high risk high return)이다. 투자 위험이 클수록 수익이 큰 것은 당연하다. 투자는 감당할 수 있을 때 투자고 감당할 수 없으면 투자를 넘어 투기다.

투자보다는 투기가 더 불확실하고 위험이 크다. 위험이 큰 만큼 수익도 크다. 하지만 투기는 성공 확률이 매우 낮다. 투기는 극도의 위험을 감수해야 한다. 투기 상품은 백에 하나도 성공하기 어렵다. 그런데도 대부분 투자자는 투자보다 투기를 선호한다. 참 아이러니하다. 제도권 상품일수록 안전하고 비제도권 상품일수록 위험하다. 제도권보다는 비제도권 상품이 수익성이 좋다. 그만큼 위험이 크다. 가난하게 살아가는 사람들은 가난을 벗어나고 싶은 욕심에 수익성만 보고 비제도권 상품에 뛰어든다. 안전은 늘 뒷전이다. 때늦은 후회를 하지만 이내 똑같은 실수를 반복한다. 불나방이다. 빈자는 항상 피곤하고 가난하다. 이 또한 사회 현상인지도 모른다.

암호화폐 시장은 항상 투자와 투기가 공존한다. 투자는 암호화폐 생태계를 만들기 위해 만들어진 정상적인 암호화폐다. 투기 코인은 서비스는 안중에도 없다. 오직 투기를 위해 만들어진다. 한탕주의를 목표로 만들어진 것이다.

우리나라 암호화폐 현주소를 살펴보면 암호화폐에 대한 정의조차 제대로 내려지지 않은 상황이다. 그냥 몹쓸 투기 상품으로 본다. 해외는 화폐로 인정하고 결제를 하는데 우리나라는 여전히 인정하지 않고 있다. 암호화폐는 내재적 가치가 없다고 하면서도 내년부터 소득세는 내라고 하는 어이없는 정책을 펴고 있다. 국가 정책도 국민 눈치 보느라 바쁘다. 매번 선거가 있고 표를 의식한다. 우왕좌왕하는 가장 큰 이유는 블록체인도, 암호화폐도 제대로 모른다는 것이다.

♠ 대박을 꿈꾸다 쪽박 찬 사례

많은 투자자가 암호화폐에 투자하여 대박을 꿈꾸다 쪽박을 찬 예는 수 없이 많다. 모든 사기코인을 다 열거할 수는 없다. 내가 직접 투자해서 쪽박 찬 사례를 살펴본다. 한 가지 예만 보아도 코인 투자 사기의 유형을 알 수 있다. 대부분 코인 투자 사기의 유형은 비슷하다.

당시 투자했던 투자금은 모두를 날렸다. 쪽박을 찬 것이다. 2017년 가을에 지인으로부터 연락이 왔다. 좋은 코인이 있으니 투자를 해보라고 했다. 내가 처음 암호화폐 채굴장을 준비하며 법인회사를 설립할 때 동업하기로 했던 지인이었다. 당시 상황이 바뀌어 나는 그대로 채굴장을 시작했고 그 지인은 당시 1억 원으로 ICO에 투자한 것이 대박이 나서 100억 원을 몇 달 만에 벌었다고 했다. 인연이 있는 지인이라 믿고 투자했다.

지인이 직접 ICO 행사를 한국에 유치해서 성대한 행사를 했다. 그 지인은 앞서 다른 코인 ICO를 주최하여 수백억 원을 벌었다. 단 몇 달 만에 수백억을 번 것이다. 그런 지인이 소개하니 더 믿고 투자했다. 수천 명이 모였다. ICO는 대성공이었다. 순식간에 300억 원 이상 자금을 모으는 데 성공했다.

해당 코인의 서비스는 여러 종류의 코인을 보유하고 있으면 카드에 담아두고 카드 한 장으로 결제하는 시스템이었다. 결제하고 싶은 코인을 체크하기만 하면 실시간으로 자동 환산이 되어 결제되는 시스템이라고 했다. 코인을 보유하고 있으면 일상에서 카드를 사용하듯 자유롭게 결제 가능한 시스템을 구현한다는 것이었다. 현금이 아닌 코인으로 결제하는 그런 시스템이었다. 두 번째 행사에서는 CEO가 결제 시스템을 직접 보여준다며 행사장에서 피자를 주문했다. 얼마 후 행사장에 진짜 피자 배달이 왔다. '비트코인 피자데이'도 아닌데…. 해당 코인 카드에 있는 코인 하나를 체크하고 결제를 했다. 성공적으로 결제가 되었다.

행사장 분위기는 하늘을 찌를 듯 고조되었다. 여러 암호화폐가 담긴 카드로 피자 값을 결제한 것이다. 비트코인으로 피자를 주문했던 피자데이 상황과 다를 바가 없었다. 암호화폐로 결제를 한 것이다. 모두가 흥분했고 '가즈아~'를 외쳤다. 성공이 눈앞에 다가온 것 같았다.

그러나 진짜보다 사실적인 그날의 행사는 모두 설정이었고 가짜였다. 코인으로 결제가 된 것이 아니라 그냥 직불카드였다. 이렇듯 치밀하게 계획을 세우고 국제적으로 사기를 치는데 어찌 일반인들이 당해낼 수 있을까? 진짜와 가짜를 구별하는 것은 표면상 거의 불가능했다.

CEO는 미국 사람으로 20대 중반의 젊은 나이였다. 결국, 그는 구속되었다. 당시 사기에 가담한 관계자들은 5~7년 징역형을 선고받았다. 나는 당시 이더리움 40개를 투자했다. 당시 이더리움 시세는 25만 원 정도 할 때였다. 보유하고 있었다면 지금 이더리움 시세가 400만 원을 호가하니 1억이 넘는 돈이 되었을 것이다. 당시 시세로 투자금은 1,000만 원이었다. 코인 투자는 그야말로 복불복이었다. 당시 지인이 소개한 코인에 투자하여 투자금을 1원도 건지지 못하고 손실을 보았지만, 그 지인이 나중에 소개한 코인으로 100배의 수익을 낸 것도 있다. 암호화폐 투자는 이런 것이다. 성공하면 대박이고 실패하면 쪽박이다.

♠ 지뢰밭에서 생존하기

투자를 성공으로 이끄는 방법은 계란을 한 바구니에 담지 않는 것이다. 암호화폐 시장은 지뢰밭이다. 지뢰밭에 모든 것을 건다는 것은 자살 행위다. 모든 것을 걸어서 한 번에 대박을 낼 수도 있지만 실패하면 쪽박을 찬다. 하지만 분산해서 투자하면 성공 확률을 높일 수 있다. 실패해도 다음 기회를 기다려 잡으면 된다. 모든 것을 한 방에 해결하려고 하지 마라. 지인을 통해서 두 번 투자를 했는데 한 번은 100% 손실을 보았지만 한 번은 성공해서 100배 수익을 냈다. 100배는 1만 프로 수익이다. 1만 프로 수익을 내기 위해서 100프로는 가볍게 버릴 수 있어야 한다. 대박을 내겠다는 욕심은 몰빵 투자를 유도하게 되고 몰빵 투자는 결국 실패를 담보한 투자로 이어진다. 한 번 성공해도 다음 투자에서 실패하면 모든 것을 잃는다.

지뢰밭에서 생존하는 방법은 간단하다. 지뢰는 일정한 무게가 실려야 터진다. 물론 각도를 조절하거나 부비트랩을 설치하여 터지게 할 수도 있다. 대전차 지뢰는 터지면 50톤이 넘는 전차를 박살낸다. 무시무시한 위력이다. 이런 무서운 대전차 지뢰지만 평지에 놓고 어린아이가 위에서 뛰어놀면 터지지 않는다. 투자는 이렇게 안전하게 해야 한다. 암호화폐는 아무도 위험도를 알 수 없다. 모두 어린아이와 같다. 어린아이답게 무게를 가볍게 해서 투자를 하면 된다.

대박은 한 번에 나지 않는다. 천천히 조금씩 모아가는 수익이 진정한 대박이다. 작은 수익을 모아가다 보면 생각지도 못한 곳에서 상상할 수 없는 대박이 터진다. 나도 그렇게 찾아온 대박이 많다. 감당할 수 없는 투자로 투자 수명을 줄이지 마라. 감당할 수 있는 선에서 분산 투자하라. 나도 작은 투자로 큰 이익을 거둔 적이 많다. 굽은 나무가 선산을 지키듯 버려둔 투자가 효자가 되었다. 암호화폐 투자 중에 레이븐도 그랬고, 칠리즈도 그랬다. 죽은 나무에도 꽃이 핀다. 지금도 버려둔 코인이 몇 가지 있다. 언제 대박을 가져다줄지 모르기에 암호화폐 세상을 기다리며 세월을 보내고 있다. 바로 암호화폐 투자를 두고 한 말 같다. 눈에 보이는 대박은 가짜가 많고, 눈에 보이지 않는 투자는 진짜가 많다. 서둘지 않아도 된다. 천천히 준비하고 투자해도 충분히 부의 대이동에 참여할 수 있다. 매매 원칙만 익혀도 돈 걱정 없는 삶을 살 수 있다.

잠자리가 지뢰밭에 앉아 논다고 터지지 않는다. 잠자리는 대전차 지뢰를 무서워하지 않는다. 잠자리가 된 마음으로 암호화폐라는 지뢰밭에서 뛰놀며 즐기면 된다. 이것이 올바른 투자다. 대박을 꿈꾸며 언제 쪽박을 찰지 모른다는 두려움을 갖기보다는 안전핀을 잠그고 가볍게 뛰놀면 된다. 아무리 작은 투자라도 100배, 1,000배 수익이 난다면 충분히 대박이 된다. 한 번에 대박을 내려다 모든 것을 잃는다. 기회는 항상 열어놓아야 안전하고 그 기회는 반드시 찾아온다.

02

암호화폐로 어떻게 부자가 될 것인가

주변에 암호화폐로 부자가 된 사람을 본 적이 있는가? 들어본 적은 있는가? 결론부터 말하면 암호화폐로 부자가 된 사람은 주변에 수없이 많다. 기사를 검색해보면 암호화폐로 대박 냈다는 사람도 많다. 기업인이 아닌 일반인으로, 암호화폐에 투자해 부자가 된 사람들이다. 그렇다면 암호화폐로 부자가 될 수 있다는 것은 참이다. '어떻게 부자가 될 것인가?' 하는 것이 관심사가 된다.

정부조차 방향을 전혀 잡지 못하고 우왕좌왕하고 있는 이런 혼돈의 상황에서 마음 놓고 투자를 하기란 쉽지 않은 일이다. 예나 지금이나 암호화폐 시장은 불안하다. 그런데도 부자는 계속 탄생한다. 부자의 탄생! 바라만 보고 있을 것인가? 부자가 된 사람들은 자기 판단하에 묵묵히 부자의 길을 갔다. 국가가 나를 부자로 만들어주지는 않는다. 국가가 내 투자금을 보호해주지도 않는다. 내가 부자가 되는 데 전혀 관심도 없다.

♠ 한국 정부의 쇄국과 역행

최근 암호화폐에 대한 격렬한 논쟁이 벌어지고 있다. 논쟁이라기보다 무지로 인한 설전이고 우왕좌왕이다. 기사를 보면 정부의 태도가 얼마나 기준이 없고 우왕좌왕하고 있는지 알 수 있다. 암호화폐에 대한 정부의 시각이 어떤지, 시장 상황이 어떤지를 아는 것은 매우 중요하다. 정부 입장을 알고 나만의 길, 마이웨이를 가면 된다. 부자의 길은 아무도 가르쳐주지 않는다. 왕도의 길이다. 흙수저를 탈출하는 길이다. 스스로 가야 한다. 혼자 가기 어려울 때는 길을 아는 사람의 도움을 받아서 찾아가면 된다. 당신은 절대 혼자가 아니다.

국가가 부정하고 외면하고 무지해도 글로벌 국가들이 당신을 응원할 것이다. 한국은 인정하지 않고 있지만, 세계는 그 가치를 알고 인정하고 있기 때문이다. 암호화폐는 한국의 소유가 아니라 전 세계 사람들의 소유다. 가치를 인정하고 소유한다. 암호화폐는 한국이 막을 수 있는 그런 물건이 아니다. 그런 힘이나 권리 자체가 존재하지 않는다. 그런데도 막을 수 있다는 큰 착각에 빠져 있다. 정부의 태도나 조치는 계란으로 바위 치기다. 한국 정부는 계란이고 글로벌은 바위다. 한국 정부는 미래 금융 후진국이 되지 않으려면 암호화폐에 대한 인식부터 바꿔야 한다. 당국은 계란인 줄도 모른다. 바위인 줄로 착각하고 있다.

내재 가치가 없다면서 세금은 내라고 하는 정부. 어떤 논리를 적용해야 이해할 수 있을까? 글로벌에서 많은 국가가 화폐로 인정하기 시작한 암호화폐를 내재 가치가 없다며 우기는 웃기는 상황이 벌어지고 있는 곳이 한국이다. 글로벌이 웃는다. 국가적 망신거리가 될 것이다. 암호화폐로 자동차를 사고 커피를 마신다. 이건 화폐다. 내재 가치가 없는 화폐로 어떻게 자동차를 사고 커피를 마실 수 있을까? 그들이 바보인가? 한국 정부가 바보인가? 한국 정부는 암호화폐에 대한 무지의 잠에서 깨어나야 한다. 블록체인은 육성하고 암호화폐는 죽여야 한다는 것이 정부 입장이다. 이는 주유소를 모두 없애고 기름으로 가는 자동차만 보급하자는 것과 다를 게 없다.

앞에서 이야기한 은성수 위원장의 발언에 대한 반발이 거세지자 정부에서도 암호화폐 투자자를 보호해야 한다는 목소리가 나오기 시작했다. 암호화폐를 인정할 수 없는 화폐라고 몰아가던 견해를 바꾸어 암호화폐 시장 옹호 발언이 나온다. 투자자들의 눈치를 보는 웃지 못할 상황이 벌어지고 있다.

비트코인을 돌멩이, 장난감이라고 했던 박상기, 유시민의 발언으로부터 3년이 흘렀다. 해외에서는 비트코인으로 자동차를 사는 시대가 되었다. 한국은 변한 게 없다. 더 철옹성 같은 성을 쌓고 불신의 색안경을 끼고 쇄국을 위한 자물쇠를 굳게 굳게 걸어 잠그고 있다. 한국이 이렇게 우매한 국가였나 싶다.

3년 전에도 틀렸고 지금도 틀렸다. 기준이 없다. 3년이 지났어도 준비된 것이 전혀 없다. 세금 걷는 데만 혈안이 되어 있는 모습이다. 기준이 없으니 바람 불 때마다 이리저리 흔들리며 우왕좌왕한다.

비트코인 투자 광풍이 불었던 지난 2017년~2018년과는 비교도 할 수 없을 만큼 암호화폐의 위상이 달라졌다. 하지만 우리 정부는 그동안 자다 일어났는지, 여전히 잘못된 길이라고 한다. 잘못된 길이지만 수익이 나면 세금을 내라고 한다. 야바위꾼도 아니고 국가가 말이다. 미국 월스트리트는 암호화폐 시장의 성장 가능성을 보고 관련 상품을 내놓고 있고, 세계적인 기업과 테슬라도 암호화폐에 대한 투자를 늘리고 있다. 우리 정부는 조선 시대와 달라진 것이 없다. "쇄국만이 살 길이다!"를 외치고 있다. 누가 정부의 귀를 막았을까?

한국 정부만 부정적인 시각으로 바라보고 있을 뿐이다. 전 세계 추세는 암호화폐로 가는 길을 만들고 있다. 글로벌의 많은 국가가 암호화폐를 돈으로 인정하기 시작했고 사용처도 늘어나는 추세다. 그렇다면 한국의 흐름보다는 국제적인 흐름에 발맞춰야 한다.

암호화폐 시장은 지뢰밭이다. 지뢰밭에서 성공하고 부자가 된다는 것은 쉽지 않은 일이고 매우 위험할 수도 있다. 그래서 필요한 것이 공부해야 한다는 것이다. 위험을 감지하고 기회를 포착할 수 있는 능력을 갖춰야 한다. 스스로 능력을 갖추기 어려울 때는 안내해줄 멘토를 찾아 도움을 받으면 된다.

에베레스트, 히말라야를 오르기 위해서는 반드시 셰르파(가이드)가 동행해야 한다. 세계에서 가장 높은 산인 에베레스트는 한때 전문 산악인들만 도전하는 산이었다. 등반 가격이 내려가면서 일반 등산객들이 등반에 도전하기 시작했다. 일반인 등반자가 증가하면서 사고가 늘었다. 이에 고산을 오를 때는 반드시 셰르파와 동행하도록 했다. 셰르파는 고산 등반을 위한 안내자다. 위험하기에 셰르파와 동행하라는 것이다. 셰르파는 등반자의 안전을 위한 존재다.

암호화폐로 돈을 벌 수 있다는 것은 확인했다. 하지만 고산을 오르는 것만큼 위험천만한 일이다. 목숨을 걸고 산을 오르는 이유는 정상의 기쁨을 알기 때문이다. 위험을 알고 암호화폐 투자에 나서는 이유는 금수저가 될 수 있기 때문이다. 욕심과 자신감만으로 에베레스트를 등반할 수 없기에 셰르파가 필요하다. 암호화폐 투자도 셰르파 같은 멘토가 필요하다. 스스로 전문가가 될 만큼 배우거나 멘토를 찾아라.

03

암호화폐 어떻게 투자할 것인가?

가상화폐, 암호화폐, 가상자산.

모두 같은 말이다. 한국 정부는 법률적으로 가상자산이란 용어로 통일하여 사용하고 있다. 하지만 일반적으로 혼용해서 사용되고 있다. 암호화폐가 정확한 용어다. 왜냐하면, 화폐 기능을 하고 있고 향후 화폐로 굳어지게 될 것이기 때문이다. 정부는 화폐가 될 수 없다고 생각하기에 가상자산이란 용어를 사용하는 것이다. 최종 명칭은 암호화폐가 될 것이다. 비트코인은 암호화폐 중에 하나다. 최초의 암호화폐다.

암호화폐 투자는 투자를 어떻게 하느냐도 중요하지만, 더 중요한 것은 어떻게 계획을 세우고 투자하느냐다. 계획을 세우지 않은 투자는 투자하지 않은 것과 같다. 투자했더라도 좋은 결과를 내기 어렵다. 암호화폐에 투자하기로 마음먹었다면 충분히 검토하고 투자 계획을 세워야 한다. 즉흥적인 투자는 오히려 손실을 주고 마음의 상처만 남긴다. 암호화폐는 일반인들이 감당하기 어려운 변동성을 보이기에 투자했다가도 버티기가 어렵다. 좋은 기회를 잡고도 놓치는 사례가 많다. 인생에 두 번 다시 올 수 없는 기회를 잡고도 부자가 되지 못한 안타까운 사례를 살펴본다.

▲ 한 끗 차이로 스쳐간 기회

2017년의 일이다. 나는 2017년 암호화폐 채굴장을 운영하기 위해 법인 사업자를 내고 채굴할 위탁자를 모집했다. 고객은 본인 소유의 채굴기를 회사에 맡기고 회사는 관리비를 받고 고객이 원하는 암호화폐를 채굴해주는 시스템이었다.

40대 전후의 남자가 사무실을 찾아왔다. 그는 지방에 근무하는 공무원이었다. 그는 억울하고 복장이 터진다며 사연을 풀어놓았다. 그는 2010년경에 외국 인터넷 사이트를 뒤지다 비트코인을 알게 되어 구매했다고 한다. 그의 인생이 송두리째 바뀔 수도 있는 사건이었다. 당시 한국에는 비트코인이라는 용어조차 생소하던 때였다. 일반인에게 거의 알려지지 않았을 때다. 비트코인 극초기로, 한국에 거래소가 생기기도 훨씬 전의 일이다. 그는 300만 원으로 비트코인을 1개당 1,000원을 주고 3,000개를 구매했다. 며칠 뒤 사기라는 글을 보고 긴급하게 판매를 했다고 한다. 외국 사이트에서 판매하는 일은 쉽지 않았다. 사기당할까 전전긍긍하며 간신히 판매 방법을 알아서 판매하고 안도의 숨을 쉬었다고 한다. 사기당할 뻔한 일을 혼자 힘으로 해결했으니 얼마나 뿌듯했을까?

그는 계속 말을 이어갔다.

사기당할 뻔한 비트코인을 겨우 팔고 다행이라 생각하고 잊었다고 한다. 그러다 어느 날 비트코인이 40만 원 한다는 소식을 듣게 되었다. 3,000개를 40만 원 시세로 환산하니 12억 원이었다. 속이 뒤집힐 것 같았지만 지난 일이니 잊자며 생각했고, 그 후로는 억지로 비트코인을 보지 않으려 애를 썼다고 한다. 그러다 2017년 비트코인 광풍이 불었다. 듣지 않으려고 해도 들리고, 보지 않으려고 해도 눈에 보이는 비트코인 시세를 보게 된 것이다.

비트코인이 400만 원일 때였다. 3,000개를 400만 원 시세로 환산하니 120억 원이었다. '소 잃고 외양간 고치기'지만 속이 뒤집힐 것 같았다. 화병으로 죽을 것만 같았다. 비트코인 1개당 시세가 1,000원 할 때 3,000개 구매한 것을 보유하고 있었다면, 2021년 4월 지금 시세 8,000만 원을 기준으로 환산하면 2,400억 원이다.

차라리 그때 판매하는 방법을 몰라 잊고 있었다면 그는 갑부가 되었을지도 모른다. 이제 그는 비트코인을 생각할 때마다 화가 나고 평생 한으로 남을 것이다. 내가 그런 상황이었더라도 화가 나고 미칠 것 같았을 것이다. 그는 평생 그때 일을 기억하고 비트코인을 생각할 때마다 수백 번 수천 번은 더 얘기하며 살아가지 않을까? 그럴 때마다 고통스러울 것이다. 물론 그때 팔지 않았더라도, 그 다음에 어떻게든 팔았을지도 모른다. 1,000원에 산 것을 1,200원에 팔았을 수도 2,000원에 팔았을 수도 있다.

지금 시세로 환산하는 것은 무의미하다는 것을 안다. 하지만 조금이라도 남기면서 분할 매도하며 보유했다면 큰 부자가 되지 않았을까 생각해 본다. 한두 개도 아니고 3,000개나 된다. 아쉬운 점은 비트코인을 알지 못하고 투자한 것이다. 그러니 당연한 결과였는지도 모른다. 믿음이 없는 투자였으니 말이다.

"지나간 일이 너무도 아쉽고 화가 나지만 지난 일은 어쩔 수 없으니, 지금이라도 기회를 놓치지 않으려고 채굴을 하기로 마음먹었습니다."

그는 채굴기 5대를 위탁하기로 하고 채굴기 구매대금을 입금했다. 당시 회사는 개인이 채굴기를 구매해서 위탁하는 방법과 회사가 구매를 대행해 주는 방법이 있었다. 채굴기를 개인이 쉽게 구매할 수가 없었기에 구매를 위탁한 고객이 많았다. 그렇게 위탁 계약은 이루어졌다.

며칠 후 그에게서 전화가 왔다. 당시 비트코인 가격은 480만 원을 고점으로 확인하고 며칠 사이에 250만 원까지 급락한 상황이었다. 그는 가격이 너무 내려가서 수익을 내기 어렵겠다며 계약을 해지하고 환불해 달라고 했다. 두말하지 않고 환불해줬다. 그 후 가격은 180만 원까지 떨어졌지만 결국 상승 추세를 이어갔고 지금은 8,000만 원 직전에서 조정을 받고 있다. 그때 그분은 지금도 공무원으로 근무하고 있을까? 궁금해졌다. 당시 그는 경찰공무원이었다.

♠ 믿음과 인내의 투자
비트코인 가격은 아직 시작도 하지 않았다. 가야 할 길이 멀다. 암호화폐 투자는 계획이 없으면 1,000원에 구매를 하고도 돈을 벌지 못한다. 암호화폐를 알지 못하는 사람들에게는 8,000만 원도 비싸고 1,000원도 비싸다. 암호화폐를 제대로 아는 사람들에게는 1,000원도 싼 가격이고 8,000만 원도 싼 가격이다. 어떤 관점에서 바라보느냐의 문제다.

2015년에 들었던 비슷한 일화가 또 있다.

암호화폐 투자 설명을 할 때 아주머니 한 분을 만났다. 재미 교포였다. 미국에 살고 있는데 한국에 볼일이 있어서 들어왔다고 했다. 그녀는 2010년경 홍콩에 갔다가 친구가 좋은 투자 상품이 있다고 해서 따라간 적이 있다고 했다. 허름한 건물로 들어갔더니 비트코인에 투자하라는 설명이었다. 당시 가격이 1,000원이었다고 한다. 당시 투자 설명을 들은 장소의 건물이 뒷골목 같은 데다 너무 낡아 있었다. 비트코인을 알지 못하던 때라 사기라 생각했다. 믿을 수가 없어 투자하지 않았다고 한다. 시간이 지나고 어느 날 호텔 카지노에서 비트코인으로 칩을 교환한다는 것을 보고 깜짝 놀랐다고 한다. 그때부터 비트코인을 다시 보고 관심을 가졌다고 했다.

이렇듯 아무리 좋은 기회가 와도 기회인 줄 알지 못하면 돈을 벌 수 없다. 기회는 우리 주변에 항상 존재한다. 무엇이 기회인지 알지 못할 뿐이다. 이것이 기회라고 이름을 달고 다니지도 않는다. 명확하게 기회인지 아닌지를 판단한다는 것은 현실적으로 불가능한 것인지도 모른다.

몇 년 전에 아는 동생에게 전화했다.

"괜찮은 코인이 있는데 한번 투자해봐."

동생은 나를 믿고 투자했다. 채굴장을 운영할 때 함께 일했던 동생이다. 집안에 큰일이 생겨서 회사를 그만둔 상태였다. 동생이 회사를 그만둘 때 도움을 주고 싶었지만, 회사 자금 사정이 너무도 좋지 않았다. 도와주고 싶은 마음은 간절했지만 내 코가 석 자나 되었다. 그래서 늘 마음이 쓰였던 동생이다. 회사를 그만둔 동생이지만 암호화폐가 노다지판으로 바뀌고 있어서 뭔가 도움이 되는 일이 있으면 도움을 주고 싶었다.

동생은 나를 믿고 투자했다. 하지만 투자는 순탄치 않았다. 투자 후 가격은 80% 이상 급락했다. 미안했다. 믿고 기다리라고 했다. 시간은 흘렀다. 암호화폐 환경도 변했다. 그 후 가격은 폭등했다. 수십 배가 올랐다. 그리고 지금은 조정 중이다. 여전히 수익이 많이 난 상태다. 미래 가치가 충분히 있다고 생각하기에 여전히 보유하고 있다. 중간에 동생도 나도 어려운 시기에 물량을 좀 줄여서 아쉽기는 하지만 미래에 충분히 채워질 것이라 믿기에 즐거운 마음으로 기다리고 있다.

비트코인을 1,000원에 3,000개 구매했다가 팔아버린 그분이 1개만 들고 있었어도 8,000만 원이다. 바로 이것이 암호화폐로 돈을 버는 투자 방법이다. 암호화폐에 투자하여 부자가 되고 싶다면 먼저 암호화폐의 속성을 알고 믿어야 한다. 믿지 않는데 어찌 투자할 수 있겠는가. 투자는 믿음에서 시작된다. 믿음이 없으면 투자도 없다.

04

부의 지도는 암호화폐가 바꾼다

⬆ 부의 재분배와 신흥부자의 탄생

암호화폐가 신흥부자, 벼락부자를 탄생시키고 있다. 상상을 초월한다. 너무 빠르다. 너무 크다. 너무 짧다. 너무 놀랍다. 부의 지도가 바뀌고 있다. 평범한 사람들이 암호화폐로 어느 날 갑자기 신분 상승을 하고 있다. 없던 집이 생기고, 없던 차가 생긴다. 있던 집과 차도 더 좋은 것으로 바뀌고 있다. 하루아침에 벌어지고 있는 일이다.

암호화폐로 돈 버는 사람들의 모습을 보면 상상을 초월한다. 상식선에서는 도저히 생각할 수도 상상할 수도 없는 일이 벌어지고 있다. 긴 기간을 두고 돈을 버는 것이 아니라 단 며칠 만에 상상을 초월하는 돈을 번다. 인류 역사상 이런 일은 없었다. 일반인이 짧은 기간에 큰 투자 없이 이렇게 빨리 돈을 번 예는 동서고금에 없었다. 로또에 당첨되지 않는 한 벌어질 수 없는 일이 벌어지고 있다.

돈을 버는 액수도 로또 당첨금보다 더 놀라울 정도로 크다. 하루에 몇억을 버는 사례는 흔히 있고 하루에 수십억을 쉽게 버는 사람도 목격했다. 나날이 놀라운 일이 벌어지고 있다. 수십억을 벌기도 하고 수백억을 벌기도 한다. 부의 지도가 대지진을 일으키는 순간이다. 이런 변화 속에 부자는 끊임없이 탄생하고 있다. 아직은 시작도 하지 않았다. 앞으로 가면 갈수록 암호화폐로 엄청난 부를 거머쥐는 신흥부자들이 탄생하게 된다. 그들이 부의 지도를 바꾸게 된다. 뭔가 큰 변화가 오고 있다는 것을 느낄 수 있다. 이를 느끼는 사람은 부자가 되고 과거에 사로잡혀 변화를 느끼지 못하는 사람은 부자가 되지 못한다. 지식이 자신을 스스로 옭아매기 때문이다. 이해하려고 하지 마라. 있는 그대로 믿고 받아들이면 된다. 그것이 부자가 되는 유일한 길이다.

아는 사람은 안다. 왜 이런 현상이 일어나는지, 암호화폐가 바꿔갈 부의 지도는 대단한 노력을 해야 부를 얻을 수 있는 것이 아니다. 그냥 암호화폐에 관심을 두고 곁에 있기만 하면 부자가 된다.

어릴 적 성묘하러 갈 때 산에 따라갔다. 성묘 후 떡을 얻어먹기 위해서다. 떡을 받을 자격이 따로 있는 게 아니다. 성묘하는 데 따라가서 그 자리에 있기만 하면 떡을 받을 자격이 된다. 암호화폐가 주는 떡은 성묘 후 받아먹던 떡과는 차원이 다르다. 암호화폐는 집도, 차도 바꿀 수 있고 원하는 것을 모두 가질 수 있는 떡을 준다. 줄을 선 순서대로 떡을 받아먹던 때처럼 암호화폐를 빨리 알고 참여한 순서에 따라 떡을 나눠준다.

내 주변에도 암호화폐로 수백억 원, 수천억 원을 번 사람이 여러 명 나타났다. 당신과 다를 게 하나도 없는 평범한 사람들이다. 그들이 수백억, 수천억을 벌었다. 다음 차례는 당신이 되기를 바란다. 당신도 순서에 따라 충분히 주인공이 될 수 있다. 이렇게 쉽게 부자가 탄생하고 있다. 그들이 모이고 모이면 힘이 생긴다. 그들은 암호화폐를 너무도 잘 안다. 그들이 다음 세상의 주인이 되어야 함은 지극히 당연하다. 부의 지도가 바뀌면 많은 것이 바뀐다. 이 시대를 이끌어가는 지도자부터 바뀐다.

새로운 항해를 시작해야 한다. 새로운 선장과 새로운 선원이 필요하다. 과거의 낡은 배로는 미래로 나아갈 수가 없다. 새 술은 새 부대에 담으라는 말이 맞다.

블록체인은 암호화폐가 있어야 원활하게 돌아간다. 블록체인을 살아 움직이게 만드는 윤활유 같은 역할을 하는 것이 암호화폐다. 한국에서는 암호화폐는 없애고 블록체인만 키우자고 한다. 암호화폐는 사기로 치부하고 내재 가치가 없는 것으로 간주한다. 내재 가치가 없다면서도 세금을 내라고 하는 웃지 못할 상황이 벌어지고 있다. 어찌 나라가 이렇게도 주먹구구식 정책을 펴는지 알 수가 없다. 암호화폐를 모르기 때문이다. 부의 재분배를 통해서 새로운 조직 체계가 만들어져야 하는 이유다. 국어 선생에게 수학을 가르치라고 하는 것과 같다.

부의 재분배는 자동화 시스템이다. 주식처럼 마음 졸이며 매매를 해야 하는 것이 아니다. 참여하는 것만으로 큰 부자가 될 수 있다. 암호화폐를 매수해서 보유해도 된다. 예전에는 퀴즈만 풀면 코인을 주는 이벤트도 많았다. 그때 지갑을 만들고 받아둔 코인도 미래에 큰 부를 안겨줄 수 있다. 지금은 가격이 낮아 큰 도움이 안 되겠지만 암호화폐 세상이 되면 큰 수익으로 돌아올 것이다. 미래 부자의 기준은 암호화폐 지갑을 갖고 있었느냐, 없었느냐로 나뉘게 된다.

▲ 미래 화폐와 경제 체계의 변화

암호화폐는 미래에 법정화폐가 된다. 화폐는 늘 편리한 쪽으로 진화를 거듭해왔다. 화폐는 디지털 화폐, 암호화폐로의 진화를 눈앞에 두고 있다. 암호화폐가 지금의 화폐를 대체하는 법정화폐가 된다면 어떤 암호화폐가 법정화폐가 될까?

2016년 호텔에서 개최한 암호화폐 투자 설명회에서 나는 지금의 화폐가 사라지고 암호화폐 세상이 온다고 말했다. 그러나 참석자 한 분이 항의했다.

"현금이 사라진다는 그런 소리 좀 하지 마세요! 같이 쓰인다고 하면 몰라도 현금이 없어지고 암호화폐만 세상에서 통용되는 돈이 된다니 그게 말이 됩니까?"

암호화폐는 발행 주체가 존재하지 않는다. 주체가 있고 통제할 수 있다면 그건 진정한 탈중앙화를 이룬 암호화폐라고 할 수 없다. 국가나 기업이 발행하고 통제 가능한 암호화폐는 미래 기축통화가 절대 될 수 없다. 블록체인 취지와 거리가 멀기 때문이다. 미래 기축통화가 될 암호화폐는 탈중앙화가 돼야 하고 특정 국가나 기업이 발행한 코인은 배제된다. 비트코인처럼 순수하게 민간에서 발행한 코인이, 전 세계인들이 가장 많이 보유하고 사용하는 코인이 곧 기축통화가 된다. 특정 국가가 통제 가능한 암호화폐는 지금의 화폐 제도를 조금 더 보완한 것이다. 여행을 가거나 할 때 불편함은 지금이나 다를 바가 없다. 해당 국가마다 법정 암호화폐가 다르게 발행되면 여행 갈 때 환전해야 하는 불편함은 여전할 것이다. 그러나 블록체인이 열어가는 세상의 암호화폐는 이런 화폐가 아니다. 나라가 없어져도 돈은 그 가치를 유지하고, 사라지지 않는 전 세계가 통용하는 암호화폐가 기축통화가 된다.

국경이 없는 시대에 돈도 국경이 없어지고 단일 화폐 체계가 잡힌 세상이 온다. 암호화폐는 다양하게 발행되고 사용이 될 수 있다. 인정받은 암호화폐가 전 세계에서 통용되는 그런 시대가 온다. 시기가 늦어지더라도 그 길을 찾아가게 된다. 암호화폐 초기에 국가에서, 기업에서 발행한 암호화폐는 암호화폐 세상으로 가는 시험 무대이고 과정일 뿐이다.

스테이블(stable) 코인이 절대 성공할 수 없는 이유기도 하다. 스테이블 코인은 지금의 암호화폐를 믿지 못하기에 암호화폐 뒤에 가치를 증명하는 꼬리표를 달아두자고 하는 것인데 금본위제와 다를 게 뭐가 있는가. 금본위제는 무너졌다. 같은 과정을 거치고 있는 것뿐이다. 화폐는 뒤에 뭐가 있어야 하는 것이 아니다. 신뢰하면 그것으로 충분하다. 신뢰는 금이 있어야 하는 것이 아니라 믿음만 있으면 된다. 그 숙제를 비트코인이 풀고 만들어가고 있다.

전 세계인들이 가장 많이 보유한 암호화폐가 되려면 많이 보급되어야 한다. 현재의 돈을 특정 암호화폐와 바꾸라고 한다고 바꿀 사람은 많지 않다. 미국이 발행한 암호화폐가 있다고 치자. 전 세계 모든 사람이 다 교환하지 않는다. 바꾸어야 할 이유가 없다. 미국이 무너지면 같이 무너지는 암호화폐일 뿐이다. 그렇지만 전 세계 사람들이 가장 많이 보유한 암호화폐로 바꾸라고 하면 바꾼다. 시뇨리지(seigniorage)가 암호화폐를 유통하는 사람들에게 보상으로 주어지기에 확산이 빨라질 수밖에 없다. 지금 암호화폐가 가치 상승하는 이유도 시뇨리지가 분배되는 과정이기 때문이다. 시뇨리지는 국가가 화폐를 발행하면서 발생하는 이익을 말한다. 암호화폐로 바꾸라고 하지 않아도 시뇨리지 혜택으로 가치가 기하급수적으로 상승하게 되면 자연스럽게 해당 암호화폐는 널리 널리 퍼지게 된다. 지금의 주식이 모두 암호화폐로 전환된다고 보면 된다.

지금은 주식으로 빵을 사 먹을 수는 없지만, 미래에는 증권이 암호화폐가 되어 인정받은 암호화폐는 물건을 직접 구매할 때 통용되는 암호화폐가 된다. 종국에는 기업이 남는 것이 아니라 암호화폐와 서비스만 남는다. 기업이 망해도 국가가 없어져도 암호화폐는 다음 진화된 화폐가 나오기 전에는 사용이 된다. 하나의 암호화폐가 통용되는 것이 아니라 수많은 서비스의 암호화폐들과 함께 통용된다.

암호화폐가 법정화폐가 되는 일은 없다고 주장하는 사람들이 있다. 현재에 갇힌 생각일 뿐이다. 암호화폐는 미래의 법정화폐가 된다. 반드시 된다. 법정화폐가 되더라도 비트코인이나 이더리움 같은 민간인이 발행한 것은 법정화폐가 되지 못한다고 주장하는 사람들도 있다. 암호화폐 세상이 열리면 국가가 발행한 암호화폐가 법정화폐가 되고 비트코인이나 이더리움은 민간화폐로 지금의 상품권처럼 활용될 것으로 생각하는 사람도 있지만 그럴 수 없다. 나는 생각이 다르다. 중앙은행이 발행한 암호화폐(CBDC, 중앙은행 디지털화폐) 정착 초기에 법정화폐가 될 수도 있다. 하지만 실패할 것이고 결국 민간이 발행한 암호화폐가 전 세계 기축통화가 될 것이다. 이유는 이 책에서 이미 설명해 드렸다. 부의 지도가 바뀌는 것을 지켜만 보지 말고 부의 지도를 바꾸는 사람이 되라.

모두 현실이 되어가고 있다

비트코인은 반드시 법정화폐가 된다. 중앙은행이 발행하는 CBDC는 실패할 것이다. 암호화폐가 기축통화가 된다.

3년 전에 출간한 책에 담았던 모든 내용이 이제 현실이 되어 가고 있다.

05

경제적 자유, 블록체인으로 꿈꿔라

⚑ 경제적 자유의 갈망

인간은 왜 경제적 자유를 원하는가? 구속받지 않기 위해서다. 경제적으로 구속받지 않아야 내 시간을 내 마음대로 쓸 수 있다. 시간에 구속받으면 하고 싶은 것을 마음대로 할 수 없다. 시간에 구속받지 않아야 행복하다. 경제적으로 구속당한다는 것은 경제적 힘이 없기 때문이다. 경제적으로 힘이 있으면 구속받지 않게 된다. 경제적 자유를 원하는 궁극적인 목적은 행복해지기 위해서다.

살아가면서 경제적 자유를 얻는 지름길이 있을까? 평생 경제적 자유를 꿈꿔왔지만, 지름길은 고사하고 쪽길도 없었다. 이것이 대부분 삶의 모습이 아닐까? 금수저로 태어나지 않았다면 평생 금수저는 희망 고문의 세계일 뿐이다. 물론 아주 소수는 자수성가하여 금수저가 되기도 한다. 그러나 지금껏 한 번에, 짧은 기간에 다수가 금수저로 변한 시대는 없었다. 그런데 지금 그런 시대가 찾아왔고, 우리가 그런 시대에 살고 있다면 어떤 선택을 해야 할까?

이제 한 번도 경험하지 못한 부의 대이동을 경험하게 될 것이다. 이미 경험하고 있는 사람도 있고 전혀 알지 못하는 사람도 있다. 〈웰컴투동막골〉이라는 영화가 있다. 6.25 전쟁이 일어났지만 깊은 산속에 있던 동막골 마을 사람들은 전쟁이 난 줄도 모르고 평화롭게 살아간다. 바깥세상을 알지 못하고 살아간다. 바깥세상과 차단되었어도 자급자족하며 살아갈 수 있으니 행복한 걸까? 행복일 수도 있지만, 그러나 결국 동막골이 개방되어야 하는 시대가 오면 변화된 세상에 적응하지 못하는 일도 생길 것이다.

현대를 살아가는 우리는 바깥세상에서 온갖 풍파를 다 겪으며 살아간다. 경제권이 없으면 살아갈 수가 없다. 지배와 피지배는 경제권의 강약에 따라 나뉜다. 경제권이 없으면 내 인생을 송두리째 내다 버리고 돈과 교환해야 먹고사는 시대다.

아무리 열심히 살아도, 아무리 발버둥 쳐도 경제적 상황은 쉽게 나아지지 않는다. 그렇게 한평생이 흘러간다. 뒤돌아보면 먹고사는 데 급급했던 발자국만 보인다. 발자국은 이내 재촉한다. 배가 고프다고…. 또 열심히 살아야 한다. 발버둥 쳐야 한다. 그래야 내일도 살아 있는 나를 볼 수 있다. 나아지는 것이 없음을 알면서도 혹시나 하는 마음에 또 살아본다. 그렇게 배고픈 인생을 살아가던 삶이 바뀔 기회가 왔다. 과거 수많은 사람이 꿈꿔왔던 바로 그런 기회가 찾아온 것이다. 흥분되지 않는가? 흥분되면 기회가 온 것이고 흥분되지 않으면 기회와 인연이 없다. 이번 생에도 기회가 없을지 모른다.

⬆ 기회의 문을 여는 블록체인

블록체인이 등장했다. 그런데 대부분 블록체인이 무엇인지 모른다. 누군가는 엄청난 부자가 되었다고 한다. 많은 사람이 관심을 갖고 부자가 되어가고 있다. 지금 알았다 해도 늦지 않다. 블록체인이 열어가는 세상은 이제 시작이니까!

블록체인을 전문가 수준으로 알아야 돈을 벌 수 있는 것은 아니다. 세상이 변하고 있고 그 변화 속에 기회가 숨어 있다. 평생 꿈꿔도 이루지 못한 경제적 자유를 가질 기회가 왔다. 블록체인은 일시적인 유행의 기술이 아니다. 인류의 역사를 통틀어 정리하고 인간이 인간다운 삶을 살아가는 제도를 마련하기에 충분한 기술이다. 어마어마한 기술이다. 블록체인은 인류의 희망이고 미래다.

블록체인이 만들어가는 미래는 인간이 행복하게 살아가는 세상이다. 그러나 그런 세상에도 가진 자와 가지지 못하는 자는 당연히 존재한다. 가진 자로 살 것인지 가지지 않은 자로 살 것인지, 선택하면 된다.

이것이 운명인지도 모른다. 운명에 없다면 아무리 기를 써도 경제적 자유는 오지 않는다. 살아오면서 수없이 기회를 찾았지만 당장 먹고사는 문제를 해결해줄 정도의 기회만 찾아졌다. 경제적 자유를 찾을 그런 기회는 오지 않았다. 기회 찾기에 지쳐서 술로 보낸 세월이 많다. 술과 바꿔버린 나의 인생을 이제 찾았다. 너무 늦지 않게 철들어서 다행이다. 기회는 이렇게 온다.

위기와 기회는 함께 온다. 구별하기 어렵다. 블록체인은 비트코인으로 세상에 포문을 열었다. 비트코인이 고공 행진하고, 암호화폐가 고공 행진한다. 때로는 공포를 담아 널뛰기를 반복한다. 인간의 탐욕은 시세 변동을 뛰어넘는다. 아랑곳하지 않고 덤비고 덤빈다. 혹자는 버블이라 하고, 누군가는 새로운 희망이라고도 한다. 세상에 공짜가 없듯이 이유 없는 현상은 없다. 세상에 보이지 않던 것이 어느 날 등장했고 수천 년을 이어온 화폐의 자리를 내놓으라고 한다. 저항이 없다면 그것이 이상한 것이다. 목숨건 한 판 결투는 당연하다. 과거 수많은 기술이 등장할 때마다 거친 일이다. 구기술은 버티려고 하고 신기술은 탈환하려고 한다. 거저 자리를 내어준 적은 없다. 결투의 결말은 항상 신기술이 구기술을 이겼다. 결말이 정해져 있는 변동이 진행되고 있을 뿐이다. 블록체인이 자리 잡기 위한 과정이다. 암호화폐가 자리를 잡아야 블록체인도 자리 잡고 앉을 수 있다.

인생을 살면서 돈을 벌 기회는 많지 않다. 아주 소수에게 기회가 주어질 뿐이다. 이번에는 다르다. 세상을 지배해온 주인을 바꾸고 구성원을 바꾸고자 한다. 블록체인이 근본을 바꾸자고 나선 것이다. 블록체인을 알고 인정만 하면 누구나 기회가 주어진다. 수많은 사람이 기회를 잡았고 상상할 수 없는 부를 가졌다. 세상은 변화를 원하고 변화하고 있다. 암호화폐는 정부가 부정하는 지금이 기회다. 국가가 인정해줄 때까지 기다리는 투자는 기회가 아니다. 남들이 다 돈 벌고 판이 끝난 후가 될 것이다. 기회가 있다 해도 끝물에 먹을 게 없다. 코로나가 만들어낸 비대면 삶의 방식은 블록체인 세상을 앞당기는 데 크나큰 역할을 하고 있다. 미래를 미리 보는 계기가 되었다. QR코드 하나만 봐도 그렇다.

내 곳간을 채우는 것은 정부도 친구도 아니다. 오직 내가 스스로 채워야 한다. 아무도 채워주지 않는다. 남들은 내 곳간이 채워져 있든, 비어 있든 관심조차 없다. 미래에 사용될 암호화폐는 자유롭게 가져올 수 있다. 가져가는 사람이 임자다. 아무도 막지 않는다. 자물쇠로 잠겨 있지도 않다. 법적으로 제재도 없다. 그냥 가져오면 된다. 필요한 만큼 가져올 수 있다. 한번에 가져와도 되고 여러 차례 나누어서 가져와도 된다. 분석하고 위험도 체크를 할 필요도 없다.

너무 쉬운가? 생각하고 뛰어도 된다. 생각 없이 뛰어도 된다. 하지만 주의사항 하나가 있다. 너무 늦게만 뛰지 마라. 너무 늦으면 곳간은 비어 있을 테니까. 이렇게 자유롭게 가져가도록 곳간을 열어두었음에도 눈치 보며 가져가지 못하는 어리석은 사람이 되지 말아야 한다. 우리는 미래를 살아갈 후손들의 조상이다. 후손들을 위해서라도 멋진 선택을 해야 한다. 나의 선택이 나를 위하고 가족을 위하고 후손을 위하는 길이 된다.

대한민국의 미래도, 개인의 미래도, 블록체인을 어떻게 활용하느냐에 따라 부가 결정된다. 암호화폐는 버리고 블록체인만 가져가는 우는 범하지 말아야 한다. 이는 잉크 없는 펜을 들고 시험장으로 가는 것과 같다. 우물 안 개구리가 되지 말자. 아직도 기회는 있다. 세계 속의 한국을 보고 암호화폐 속에 숨어 있는 블록체인을 봐야 한다.

오늘을 열심히 사는 것이 중요한 것이 아니다. 어제와 오늘이 별 차이가 없다면 내일도 별 차이가 없는 삶을 살게 될 것이다. 미래를 바꾸고 싶다면 일단 멈춰라. 블록체인을 들여다봐라. 멈추면 많은 것들이 보인다. 인생을 재설계하라. 블록체인은 인터넷이 처음 보급될 때 수많은 부자를 탄생시킨 것보다 수십 배는 더 강하게 다가올 것이다. 투자도 좋고 사업도 좋다. 블록체인과 연관된 곳에 투자하라. 걱정만 한다고 열심히만 산다고 달라지지 않는다. 변화는 기회와 온다. 블록체인을 알고 있다면 변화가 시작되었음을 알아야 한다. 변화를 지켜만 볼 것인가? 암호화폐 광풍을 버블로 보지 마라. 광풍 뒤에 숨겨진 진실을 읽어야 한다. 때늦은 후회는 하지 말아야 한다. 친구는 수천억을 벌었다. 나는 후회하지 않는다. 그 기회가 내 손에 있기 때문이다.

06

암호화폐 시장은 모두가 코린이다

♠ 우리는 아직 모두 코린이다

코린이가 많이 생겨났다. '코린이'는 코인을 처음 접한 사람을 지칭하는
말이다. 비트코인이 등장하면서 최근에 생긴 신조어다. '어린이'에서 '린이'
를 가져와 만든 단어다. 비트코인을 알고 있는 모두가 '코린이'인지도 모른
다. 돈을 번 코린이, 돈을 잃은 코린이, 관망하는 코린이, 투자를 준비하는
코린이, 모두가 코린이다. 비트코인도 세상에 나온 지 이제 겨우 10여 년
이 흘렀을 뿐이다. 비트코인은 오랫동안 함께한 것 같은데 인간의 나이로
보니 아직은 어린아이다. 어린이인데 거인의 행보를 하고 있다. 세상이 화
들짝 놀라고 있다.

전문가 부재와 비트코인 가격 급등의 미스터리

최근 비트코인 가격이 8,000만 원까지 급등하자 전문가들이 급등 이유
를 찾고 있다. 전문가들도 이유를 알 수 없다는 반응을 보인다는 기사를

봤다. 또한 국내 거래소 비트코인 가격이 해외 거래소 가격보다 1,000만 원 정도 높게 거래되고 있다며 우려하는 목소리도 나온다.

비트코인이 급등한 이유를 전문가도 모르겠다고 한다. 그런데 비트코인에 전문가가 있는가? 그들은 대체 누구일까? 비트코인의 시세를 논할 수 있는 전문가는 지구상에 존재할 수가 없다. 전문가 행세를 할 뿐이다. 누가 전문가란 말인가? 아직은 비트코인의 가치를 아무도 모른다. 비트코인이 미래에 1억 원 가고 10억 원 가고 100억 원 가면 지금 올라간 이유를 뭐라고 할 것인가? 할 말이 없을 것이다. 올라야 당연하다. 그래야 재산적 가치를 갖게 되고 암호화폐 세상이 열린다.

비트코인 가격이 여기서 멈춘다면 암호화폐 세상은 절대 오지 않을 것이다. 비트코인 가격이 10억 원, 100억 원 가야 진정한 암호화폐 세상이 열린다. 비트코인이 암호화폐 견인차 역할을 끝까지 해줘야 한다. 적어도 페이스메이커 역할은 해줘야 한다. 그래야 어떤 암호화폐든 세상의 기축통화가 나오게 된다. 비트코인이 기축통화가 되지 못하더라도 상징적인 의미는 매우 크다. 암호화폐가 존재하는 한 비트코인은 지존의 자리를 지킬 것이다. 가치 저장 수단으로 충분한 가치를 갖는다. 어떤 암호화폐가 기축통화가 되더라도 가치적인 측면에서는 비트코인을 능가하기 어려울 것이다.

한국 거래소에서 거래되는 비트코인의 가격이 해외보다 비싸게 거래되는 것을 김치 프리미엄이라고 한다. 이런 현상은 한국이 유독 암호화폐 투자를 많이 하고 있기 때문이다. 시스템적으로 그만큼 쉽게 접근할 수 있기 때문이기도 하다. 한국은 암호화폐로 암호화폐를 거래하는 것이 아니라 원화를 입금해 거래하는 시스템이라 일반인들에게 접근성을 높여준다. 그러므로 이러한 현상은 앞으로도 지속될 것이다.

민주당 전재수 의원은 〈뉴스1〉과의 통화에서 암호화폐와 관련하여 다음과 같이 말했다.

"개장 · 폐장 시간을 정하고, 기업공개(IPO)처럼 적절한 절차를 통해 상장토록 하는 등 제도권 내로 적극적으로 안으려는 노력이 필요하다."

이 기사를 보고 내 눈을 의심했다. 암호화폐를 주식으로 생각하는지 황당했다. 한국에 전문가가 없다고 하는 것은 위 기사를 보면 알 수 있다. 참으로 안타깝다. 얼마나 암호화폐를 모르면 저런 발상을 할까? 암호화폐를 조금이라도 알면 절대 생각할 수도 없는 일이다. 암호화폐 거래시간을 제한하겠다는 발상은 사람들이 24시간 마시는 공기 사용 시간을 제한하겠다는 것과 같다.

전 세계가 거래하는 암호화폐를 한국만 거래시간을 제한한다는 것은 해외는 쉬지 않고 달리는데 한국은 손발을 묶어두고 투자자들의 애간장을 녹이겠다는 것이다. 투자자들은 해외 시세를 보며 아침마다 아수라장이 될 것이다. 밤사이 해외 변동성이 큰 날은 거래소 아침 개장 시 거래소 서버 다운은 기본이 될 것이다. 이래서야 한국이 암호화폐 세상에서 후보 선수로라도 뛸 수 있을까? 의문이다. 이런 상황이 벌어지면 한국 거래소는 모두 문을 닫아야 할 것이다. 누가 한국 거래소에서 거래하겠는가?

악순환의 연속이다. 박상기의 난, 유시민의 난, 은성수의 난……. 난, 난, 난, 난이 만들어가는 금융 후진국. 이대로 가면 한국의 미래는 없다. 암호화폐는 가상이 아니다. 미래 법정화폐 자리를 넘보는 야심 찬 암호화폐다. 3년 후, 5년 후, 10년 후, 반드시 오늘을 되돌아보라. 한국이 얼마나 암호화폐에 대해서 무지하였는지를 알게 될 것이다. 2016년부터 내가 줄기차게 강조하고 주장해온 내용이다.

이렇게 방향도 잡지 못하고 있는 것이 한국의 암호화폐 현주소다. 이런 상황에서 코인을 처음 하는 사람들이 궁금해하는 것은 수없이 많을 수 있다. 반면에 많이 알지 못하기에 궁금한 것이 없을 수도 있겠다. 하지만 투자의 길로 한 발만 들어서면 궁금한 게 많아진다. 의심스러운 것도 많다. 남들은 돈을 많이 벌었다고 하는데 투자를 하려고 해도 망설여지고 두려워진다. 앞서 살펴보았듯이 정부 대책을 보면 더 혼란스럽다.

♠ 코린이를 위한 조언

코린이가 제일 알고 싶은 것은 뭐니 뭐니 해도 암호화폐 투자로 머니(money)를 벌 수 있느냐일 것이다. 내 대답은 한결같다.

"벌 수 있다!"

다만 모든 일에는 순서가 있고 규칙이 있다. 매매 기준이 없다면 돈을 벌수 없다. 매매 기준 없이 투자한다면 손실만 보게 된다. 투자하기로 마음먹었다면 규칙을 정하고 투자에 임해야 한다. 규칙이 정해지면 코린이 소리는 듣지 않게 된다. 제대로 수익을 내는 투자자를 코린이라 부르지는 않는다. 오랫동안 코인을 알고 있어도 수익을 내지 못하면 당신은 '코린이'다.

어떤 일이든 숙련공이 있다. 숙련공이 되기까지는 배우고 익혀야 할 것이 있다. 재미있는 것은 숙련공이 되는 데는 기간이 중요하지 않다는 점이다. 아주 짧은 기간에 기술을 배우는 사람이 있는가 하면 평생 배워도 숙련공이 되지 못하는 사람들도 있다.

얼마 동안 익혔느냐 보다 얼마나 집중하고 노력했느냐가 중요하다. 짧은 기간이라도 집중하고 노력하면 쉽게 배울 수 있다. 암호화폐로 돈을 벌고자 하는 투자자라면 그리 걱정하지 않아도 된다. 복잡하지도 어렵지도 않은 기본 규칙 몇 개만 알면 된다. 문제는 규칙을 아는 것보다 규칙을 지키느냐다.

나는 단순한 규칙을 정하고 매일 수익을 내고 있다. 어떤 매매를 해도 손해 보는 매매는 하지 않는다. 주식 투자를 해본 투자자라면 주식보다 훨씬 쉽게 돈을 벌 수 있다. 많은 사람이 돈을 벌었고 벌고 있다. 수십억, 수백억을 벌었다. 그냥 번 것이 아니다. 운이라는 것도 작용했지만 노력을 빼놓을 수 없다. 돈이 흘러 다니는 곳에 그물을 잘 던져두는 노력을 했기에 가능했다. 운도 준비된 자에게 온다. 노력하는 자에게 온다.

투자 방법에는 여러 가지가 있다. 초기 자금을 모으는 ICO에 투자하거나 거래소에서 매매하는 것이다. 디파이(Defi)도 있다. 블록체인 관련 기업에 투자하는 방법도 있다. 나는 거래소에서 매매하는 것을 선호한다. 현재 한국에서는 ICO가 금지되어 있다. 그런데도 행해진다. 엄밀히 말하면 법적으로 불법이다. 하지만 단속은 제대로 하지 않고 있다. 사기꾼이 넘쳐난다.

암호화폐는 지인 소개로 투자하기도 한다. 정상적인 투자일 수도 있지만 대부분 불법으로 행해지는 다단계 코인이 많다. 의심스러우면 모든 거래를 기록으로 남겨라. 입금증, 투자 확인서를 받아두거나 녹음 자료를 확보해두라. 지인의 말을 맹신하지 마라. 지인도 속고 있을지도 모른다. 근거를 남기지 않으면 사기를 당해도 입증이 쉽지 않아 처벌하기도 어렵고 투자금을 찾기도 어렵다. 거래소에도 최근 몇 달 만에 수십 배 많게는 100배 오른 코인이 많다. 굳이 위험을 무릅쓰고 불확실한 투자를 할 필요가 없다. 어설픈 소개로 투자할 바에야 거래소에서 직접 종목을 골라 매수하고 보유하는 것이 좋다.

암호화폐에 처음 입문하는 '코린이'들에게 가장 중요한 것은 기초 지식을 쌓는 것이다. 암호화폐의 기본 원리와 블록체인 기술을 이해하는 것이 첫걸음이다. 또한, 신뢰할 수 있는 정보를 얻기 위해 다양한 소스를 활용하고, 무분별한 투자보다는 소액 투자로 경험을 쌓는 것이 중요하다. 이는 안전한 투자 환경을 구축하고, 암호화폐 시장에서 장기적으로 성공할 수 있는 기반을 마련하는 데 도움을 줄 것이다.

　장기적으로 보유할 목적이라면 좋은 코인을 찾으려 애쓰지 말고 비트코인, 이더리움을 구매해서 보유하면 된다. 단기 매매는 매일 시장 상황에 따라 주인공이 바뀐다. 거래량, 변동 폭, 최근 시세 흐름을 확인하고 종목을 선정하면 된다. 몇 번 하다 보면 감이 잡힌다. 나는 주식을 오랫동안 해온 감이 있어 잠시만 보면 오늘 어떤 종목으로 단기 매매를 할지 눈에 보인다. 조금만 훈련하면 누구나 할 수 있다. 주식 매매와 차원이 다른 종목 선정 방법이 필요하다. 주식은 기본적 분석이라도 해서 기업 가치를 가늠할 수 있지만, 암호화폐는 기본적 분석으로 단기 매매를 하는 것은 현실적으로 불가능하다. 오직 수급 흐름만이 매매 잣대가 된다. 본인에게 맞는 투자법을 찾아라. 장기적으로 보유할 것인지, 단기 매매를 할 것인지 말이다. 장기적으로 보유할 것이라면 암호화폐는 수급 흐름을 분석하는 것이 매우 중요하다. 단기 매매할 것이라면 원칙을 정하고 매매하면 된다.

07

암호화폐 진짜와 가짜를 구별하라

♠ 가짜와의 전쟁

코로나19로 마스크가 필수품이 된 시대이다. 이럴 때 또 가짜가 판을 친다. 인증받지 않은 무허가 마스크를 인증표시가 있는 포장지에 넣어 속여서 판매하는 업체가 적발되고 있다. 어느 날 이런 뉴스를 보게 된다면, 마스크를 산다면 진짜와 가짜를 구별할 수 있을까?

솔직히 일반인은 구별하기 어려울 것이다. 관련 업종에 종사하는 사람들이나 관련 전문가가 아니면 구별하기 쉽지 않다. 가짜가 팔리고, 짝퉁이 팔린다. 이런 허점을 노리고 가짜가 버젓이 진짜 행세를 하며 돌아다닌다. 코로나19로 전 세계가 난리 통인데 이를 이용해 돈벌이하는 사람들이다. 남들이야 죽든 말든 중요하지 않다. 돈만 벌면 된다. 사람 목숨 갖고 장난치는 사람들, 무섭고 서글픈 일이다. 작심하고 속이면 진짜와 가짜를 구별하기는 쉽지 않다.

해외여행을 가면 짝퉁 구매를 하라며 호객행위를 하는 사람들을 만난다. 홍콩에 단체로 여행 간 적이 있다. 쇼핑거리를 지나다 보면 사람들이 따라오며 말한다. "오. 한국 사람, 코리아! 짝퉁 있어, 짝퉁! 싸다. 싸." 혀 짧은 소리를 외치며 계속 따라온다. 한번은 친구와 같이 따라가봤다. 건물로 데리고 가더니 짝퉁을 보여줬다. 진품과 차이를 알 수 없는 모조품, 짝퉁들이 즐비하다.

진짜와 가짜는 내면을 들여다보면 분명한 차이가 있다. 내면을 들여다볼 수 있는 사람은 전문가들이다. 전문가가 아니면 내면을 들여다보기 어렵다. 결국, 전문가가 아니면 진짜와 가짜를 구별하기 어렵다는 것을 알 수 있다. 구별이 쉽다면 애초부터 가짜는 만들어지지도 않았을 것이다.

암호화폐에도 진짜와 가짜가 있다. 암호화폐는 실물이 없다. 무형의 상품이고 무형의 화폐다. 정확히 말하면 디지털 상품이다. 더 정확히 말하면 미래에 상용화될 암호화폐다. 실물이 있는 물건도 진짜와 가짜를 구별하기 어려운데 실물이 없는 암호화폐는 더 구별하기 어렵다. 진짜보다 가짜가 더 많다. 전 세계적으로 몇만 개는 된다. 그중에는 진짜도 있고 가짜도 있다. 많은 사람이 암호화폐로 돈을 벌었다고 하니까 전 국민이 비트코인에 주목하고 관심을 가지기 시작했다. 조금이라도 쉽게 돈을 벌려고 한다. 이런 허점을 사기꾼들이 파고든다. 수많은 사람이 암호화폐에 투자하고 있다. 대박을 내는 사람도 있고 투자금 전부를 날리는 사람도 있다. 지뢰밭이다. 암호화폐로 성공하려면 자신만의 확실한 투자 원칙이 있어야 한다.

⚘ 투자하기 전에 검증하라

암호화폐의 진짜와 가짜를 구별하는 방법은 있는가? 한마디로 말하면 없다. 이것이 정답이다. 암호화폐는 미래 서비스를 약속하고 발행된다. 서비스는 실현될 수도 있고 안 될 수도 있다. 서비스하려고 만들어진 암호화폐는 성공 여부를 떠나서 진정성이 있는 것으로 볼 수 있다. 문제는 암호화폐로 돈을 쉽게 번다는 것을 이용해 사기를 목적으로 우후죽순으로 만들어진 것들이다. 서비스 계획이 전혀 없으면서 그냥 암호화폐만 발행해서 거래소에서 판매하는 코인들이 많다. 이런 코인에 투자하면 십중팔구 손실을 보게 된다.

투자자로서 최소한의 안전판을 마련하고 투자를 하면 황당하게 가짜 코인에 당하는 일은 줄어든다. 이미 기본 검증을 거친 코인에 투자하면 된다. 일단 검증 과정을 거쳐야 하는데 사람들의 욕망은 안전보다 수익을 우선시한다. 그러다 보니 위험은 무시하고 수익만 원한다. 사기꾼들이 노리는 좋은 먹잇감이다. 그래서 사기를 당하는 것이다. 안전을 원한다면 은행에 저축하라. 그런데 은행이 싫어서 주식 판으로 가고, 주식 시장이 싫어서 외환 시장 마진거래를 찾는다. 그러다 암호화폐를 찾는다. 갈수록 위험도는 커지고, 자극적이게 되는 것이다.

암호화폐에도 급이 있다. 주식 시장에 삼성전자가 있다면 암호화폐 시장에는 비트코인이 있다. 주식에서 안전한 종목이 삼성전자라면 암호화폐에서 안전한 종목은 비트코인이다. 주식에 투자하면서 삼성전자를 사는 사람은 드물다. 암호화폐에 투자하면서 비트코인을 사는 사람도 드물다.

삼성전자 거래를 꺼린다. 비트코인 거래를 꺼린다. 변동성이 작고 무겁다는 인식 때문이다.

주식에서도 거래소보다는 코스닥을, 코스닥에서도 저가주를, 저가주 중에서도 많이 떨어진 종목을 산다. 위험은 높이고 수익은 크게 원하는 것이다. 바라는 수익이 크면 클수록 위험도 커진다는 것을 알면서도 불나방이 되기를 주저하지 않는다. 종잣돈이 적으니 종잣돈을 빨리 키울 욕심에서 위험을 감수한다. 레버리지를 높인다. 그러나 레버리지를 높여서 성공하는 사례는 없다. 레버리지를 높이는 것은 작은 자금으로 큰돈을 벌려는 욕심 때문이다. 생계형 투자금이라면 레버리지를 높여서는 안 된다. 절대 성공하지 못한다. 심적 부담이 크기 때문에 올바른 매매를 할 수가 없다. 생계 자금으로 투자하면 그만큼 안전을 최우선으로 해야 한다. 적게 벌어도 안정적인 투자를 해야 한다.

제도권에서 운영되는 주식 시장도 진짜와 가짜가 존재한다. 암호화폐에 투자하면서 진짜와 가짜 구분을 별도로 할 필요는 없다. 암호화폐에 투자하면서 진짜와 가짜를 구별하기는 현실적으로 불가능할 만큼 어렵다. 이때 참고할 수 있는 게 있다. 진짜와 가짜는 거래소가 구별해준다. 물론 완벽하지는 않다. 그렇더라도 어느 정도 안전판은 마련된다. 극도의 위험에 빠지는 일은 줄어든다.

암호화폐에 미래 비전을 보고 투자를 선택했다면 주식의 삼성전자와 같은 비트코인과 이더리움에 묻어두면 된다. 절대 안전이 보장된 종목은 없다. 다만 암호화폐에서 가장 안전한 종목은 비트코인이다. 다음은 이더리움이다. 대형 거래소에서 안정적인 거래량을 기록하고 유행에 덜 민감한 종목이라면 장기 보유하는 것도 좋다. 단기 매매를 원하는 사람들은 상황이 변할 때마다 거래량과 변동성을 점검해서 매매하면 문제 될 것이 없다. 단기 매매는 대형 거래소에서 하는 게 좋다. 왜냐하면 소형 거래소는 자체 코인이나 인맥이 동원된 작전용 코인이 많이 거래된다.

  실체가 없는 코인은 대형 거래소에 상장되기 어렵다. 이것만으로도 위험 관리가 어느 정도 된다. 듣보잡 소형 거래소에서 거래하면 안 된다. 듣보잡 거래소는 듣보잡 코인을 상장시켜 자기들만의 축제를 펼치는 경우가 많다. 거래량도 믿을 수 없다. 실제 1억도 거래되지 않는 코인이 수백억 원씩 거래되는 것처럼 만든다. 자전거래로 투자자를 현혹하여 자신들의 코인을 팔아치우고 개미 무덤을 만든다. 대형 거래소에 상장하지 못하는 코인은 그만큼 부실하고 진정성이 없는 코인이다. 진정성이 있고 좋은 코인이면 대형 거래소에 상장되는 날이 온다. 그런 종목만 모아둔 대형 거래소가 있는데 굳이 소형 거래소에서 위험을 감수할 이유가 없다.

진짜와 가짜는
내면을 들여다보면 분명한 차이가 있다.
내면을 들여다볼 수 있는 사람은 전문가들이다.
전문가가 아니면 내면을 들여다보기 어렵다.

2부

암호화폐의 신세계로
뛰어들어라

BLOCK CHAIN

제 5 장

블록체인과
암호화폐란
무엇인가?

REVOLUTION

01

블록체인은 어떻게 등장했을까?

▲ 블록체인의 기원

블록체인의 기원은 기술적 발전과 사회적 요구가 맞물린 결과물이다. 그 뿌리는 1982년으로 거슬러 올라가는데, 이 시기에 암호학자 데이비드 차움(David Chaum)은 중요한 논문을 발표했다. 차움은 '블라인드 서명 (blind signature)'이라는 개념을 소개하며 사용자의 프라이버시를 보호 하면서도 거래의 무결성을 유지할 수 있는 방안을 제시했다. 차움의 연구 는 이후 디지털 화폐와 블록체인 기술의 발전에 중요한 근간이 되었다.

▲ 데이비드 차움과 전자 화폐의 초기 개념

암호학과 프라이버시 보호 기술의 선구자인 데이비드 차움은 그의 논문 「Blind Signatures for Untraceable Payments」에서 중앙 기관 없이 도 사용자의 신원을 노출하지 않고 안전한 거래를 수행할 수 있는 방법을 설명했다. 차움은 1990년대 초에 전자 화폐 시스템인 'eCash'를 설립했는

제 5 장 블록체인과 암호화폐란 무엇인가?　211

데, eCash는 사용자가 은행으로부터 익명화된 디지털 화폐를 발급받아 온라인 상점에서 결제할 수 있도록 했다. 이러한 시스템은 그의 논문대로 사용자의 프라이버시와 거래의 무결성 두 마리 토끼를 잡을 수 있었다. 비록 eCash가 상업적으로 큰 성공을 거두지는 못했지만, 이는 이후 암호화폐와 블록체인 기술 발전에 중요한 영향을 미쳤다.

⬆ 스튜어트 하버와 스콧 스토르네타의 타임스탬프 시스템

1991년, 스튜어트 하버(Stuart Haber)와 스콧 스토르네타(Scott Stornetta)는 데이터 무결성을 보장하기 위해 타임스탬프 시스템을 제안했다. 이 시스템은 문서나 데이터의 변경을 방지하고 원본 상태를 유지하려는 목적으로 개발되었다. 그들은 문서가 생성된 시점에 고유의 타임스탬프를 부여하고, 이를 체인 형태로 연결하여 데이터의 불변성을 유지하는 방법을 제시했다. 이는 블록체인의 초기 형태로 볼 수 있다.

하버와 스토르네타의 타임스탬프 시스템은 각 문서가 이전 문서와 연결된 형태로 저장되며, 이로 인해 어느 한 문서라도 변경되면 전체 체인의 무결성이 손상되게 된다. 이러한 방식은 데이터의 무결성을 보장하는 데 매우 효과적이었다. 그러나 이때까지도 이 초기 형태의 블록체인은 당시 크게 주목받지 못했다.

⬆ 사토시 나카모토의 비트코인

블록체인 기술이 전 세계적으로 주목받게 된 결정적인 계기는 2008년 사토시 나카모토(Satoshi Nakamoto)가 발표한 비트코인 백서였다. 나카모토는「비트코인: P2P 전자 화폐 시스템」이라는 백서를 통해 블록체인 기술을 기반으로 한 완전히 탈중앙화된 암호화폐 시스템을 제안했다. 비트코인은 중앙 기관 없이도 모든 거래를 기록하고 이를 네트워크 내의 모든 참여자가 검증할 수 있도록 설계되었다.

비트코인은 블록체인 기술을 활용하여 모든 거래를 투명하게 기록하며, 각 거래는 네트워크 참여자들에 의해 검증된다. 이 과정에서 사용되는 '작업 증명(Proof of Work)' 알고리즘은 거래의 무결성과 보안을 보장한다. 또한, 블록체인은 거래 내역을 변경할 수 없도록 설계되어 데이터의 불변성을 유지한다. 이는 비트코인이 기존 금융 시스템과 차별화되는 중요한 특징이다.

⛰ 블록체인의 작동 원리

블록체인은 거래 데이터를 블록이라는 단위로 묶어서 저장하며, 각 블록은 이전 블록과 암호화된 형태로 연결된다. 이로 인해 블록체인은 변경할 수 없는 데이터 체인을 형성하게 된다. 새로운 거래가 발생하면 이를 포함한 새로운 블록이 생성되어 기존 체인에 연결된다. 이 과정에서 네트워크 참여자들은 새로운 블록의 유효성을 검증하고, 합의 알고리즘을 통해 블록체인의 무결성을 유지한다.

비트코인 네트워크에서는 작업 증명 알고리즘을 사용하여 새로운 블록을 생성하고 검증한다. 이 알고리즘은 네트워크 참여자들(채굴자)이 복잡한 수학 문제를 해결하여 새로운 블록을 생성할 수 있도록 한다. 문제를 해결한 첫 번째 참여자는 보상으로 일정량의 비트코인을 받게 된다. 이러한 방식은 네트워크의 보안을 강화하고, 참여자들에게 경제적 인센티브를 제공한다.

▲ 블록체인의 기술적 구성 요소

블록체인의 작동 원리를 이해하기 위해서는 몇 가지 핵심 기술적 구성 요소를 살펴볼 필요가 있다. 첫째, '분산 원장(Distributed Ledger)'이다. 블록체인은 모든 거래 기록이 여러 네트워크 참여자들에게 분산되어 저장되는 분산 원장 기술을 사용한다. 이를 통해 중앙 집중식 시스템의 단점을 극복하고 데이터의 투명성과 무결성을 유지할 수 있다.

둘째, '합의 알고리즘(Consensus Algorithm)'이다. 블록체인 네트워크는 모든 참여자가 동일한 거래 기록을 유지하기 위해 합의 알고리즘을 사용한다. 비트코인의 경우 작업 증명(Proof of Work) 알고리즘을 사용하지만, 다른 블록체인에서는 지분 증명(Proof of Stake) 등 다양한 합의 알고리즘이 사용된다. 이러한 알고리즘은 네트워크의 무결성을 유지하고, 악의적인 행위로부터 보호하는 데 중요한 역할을 한다.

셋째, '암호화(Cryptography)'다. 블록체인은 거래의 무결성과 보안을 보장하기 위해 암호화 기술을 활용한다. 각 블록은 암호화된 해시 함수로 연결되어 있으며, 이는 블록체인의 데이터가 변경되지 않도록 보호한다. 또한, 거래 자체도 암호화되어 있으며, 개인 키와 공개 키를 사용하여 사용자 간의 안전한 거래를 가능하게 한다.

⬆ 블록체인의 확장과 응용

비트코인의 성공 이후, 블록체인 기술은 다양한 분야에서 응용되기 시작했다. 블록체인의 탈중앙화, 투명성, 무결성 등의 특성은 금융뿐만 아니라 물류, 의료, 공공 서비스 등 여러 분야에서 활용될 수 있는 잠재력을 가지고 있다. 예를 들어, 이더리움(Ethereum)은 스마트 계약(Smart Contract) 기능을 도입하여 블록체인 상에서 자동으로 실행되는 계약을 구현해 다양한 탈중앙화 애플리케이션(Decentralized Applications, DApps)이 개발될 수 있는 기반을 제공했다.

또한, '하이퍼레저(Hyperledger)'와 같은 프로젝트는 기업용 블록체인 솔루션을 제공하여 다양한 산업 분야에서 블록체인을 도입할 수 있도록 지원하고 있다. 이러한 프로젝트는 기업들이 블록체인의 장점을 활용하여 효율성을 높이고 비용을 절감할 수 있도록 돕고 있다. 하이퍼레저는 모듈형 아키텍처를 통해 기업들이 필요에 맞는 블록체인 솔루션을 구축할 수 있도록 하며, 이는 금융, 제조, 물류 등 다양한 산업에서 활용될 수 있다. 모듈형 아키텍처는 블록체인의 다양한 기능을 각각 모듈로 나눠 필요한 것만 골라서 사용할 수 있게 해주는 구조다.

⬆ 블록체인의 미래

블록체인 기술은 아직도 진화하고 있으며, 앞으로도 많은 가능성을 가지고 있다. 기술적 과제와 규제적 장애물에도 불구하고, 블록체인은 금융, 물류, 의료 등 다양한 산업에서 혁신을 일으킬 잠재력을 가지고 있다. 또한, 탈중앙화된 애플리케이션(Decentralized Applications, DApps)

과 디지털 자산의 발전은 블록체인의 활용 범위를 더욱 확장시킬 것이다.

블록체인의 기술적 과제 중 하나는 확장성(Scalability)이다. 현재의 블록체인 시스템은 많은 거래를 처리하는 데 한계가 있으며, 이를 해결하기 위한 다양한 연구가 진행되고 있다. 예를 들어, 비트코인의 경우 라이트닝 네트워크(Lightning Network)와 같은 오프체인 솔루션이 제안되고 있으며, 이더리움은 이더리움 2.0을 통해 지분 증명(Proof of Stake)으로의 전환과 샤딩(Sharding) 기술을 도입하여 확장성을 개선하려 하고 있다.

또한, 규제적 장애물도 중요한 과제 중 하나다. 각국의 정부와 규제 기관은 암호화폐와 블록체인 기술에 대한 규제 방안을 모색하고 있으며, 이는 기술의 발전과 도입에 중요한 영향을 미칠 수 있다. 따라서 블록체인 기술의 발전과 도입을 위해서는 기술적 혁신뿐만 아니라, 규제와 정책 측면에서도 지속적인 논의와 협력이 필요하다.

블록체인의 기원은 1980년대 데이비드 차움의 연구에서 시작하여, 1990년대의 타임스탬프 시스템을 거쳐, 2008년 사토시 나카모토의 비트코인으로 이어져 왔다. 이들의 공통적인 정신은 데이터의 무결성과 투명성 보장이며, 블록체인 기술은 앞으로도 다양한 분야에서 혁신적인 변화를 이끌어갈 것이다. 블록체인의 발전은 기술적, 사회적, 규제적 측면에서의 협력과 노력을 통해 이루어질 것이며, 이는 미래 사회의 중요한 기반 기술로 자리 잡을 가능성이 크다.

02

블록체인의 신뢰는 무엇으로 만들어지는가?

▲ 블록체인의 핵심 특성과 장점: 불변성, 탈중앙화, 투명성

불변성: 블록체인에 기록된 데이터는 변경할 수 없다. 각 블록은 체인 형태로 연결되고, 각 블록에는 고유한 해시 값이 포함되어 있어 변경 시 즉시 감지할 수 있다. 이러한 구조는 데이터 조작을 매우 어렵게 만든다. 일례로, 미국의 저명한 연구 기관인 'MIT Media Lab'은 블록체인 기술을 활용해 환자 기록을 관리하며 데이터의 무결성을 유지하고 있으며, 이를 통해 환자의 의료 정보가 안전하게 보호되고, 진료 과정에서의 오류를 줄일 수 있다.

탈중앙화: 블록체인 네트워크는 중앙 서버 없이 데이터를 각 노드(참여자들의 컴퓨터)에 분산 저장한다. 이러한 구조는 시스템의 내구성을 높이고 하나의 지점에 문제가 발생해도 네트워크 전체에 영향을 미치지 않도록 한다. 실제로 미국, 아시아, 유럽, 호주 등의 여러 농업 회사들은 블록

체인을 활용해 농산물의 생산 과정부터 소비자에게 도달하기까지의 모든 과정을 추적하고 있다. 이들 회사들은 블록체인을 통해 농산물의 원산지 증명, 유통 경로의 실시간 모니터링, 품질 보증 등을 관리하여 투명성과 신뢰성을 높이며 식품 안전성과 공급망 효율성을 크게 향상시키고 있다.

투명성: 블록체인에 기록된 모든 거래는 네트워크에 참여하는 모든 사용자에게 공개된다. 이는 모든 거래를 투명하게 검증하고 참여자 간 신뢰를 구축하는 데 기여한다. 스위스의 전자투표 시스템은 블록체인을 활용해 투표 과정의 투명성과 신뢰성을 강화하고 있으며, 이를 통해 국민들은 자신의 투표가 어떻게 처리되는지 실시간으로 확인할 수 있고 선거 결과의 신뢰성을 보장받을 수 있다. 그 외 에스토니아, 두바이 등 여러 국가와 지역에서도 블록체인 기술을 도입해 행정 절차의 투명성과 신뢰성을 높이고 있다.

♠ 블록체인의 구조

비트코인은 분산 원장 기술을 통해 모든 거래를 투명하게 기록하고 검증한다. 이 시스템은 중앙 집중식 금융 시스템의 한계를 극복하고자 하는 목적으로 만들어졌으며, 금융 거래의 투명성과 보안 수준을 높였다.

블록체인의 구조는 매우 복잡하고 정교하다. 각 블록은 거래 데이터, 블록 헤더, 해시 값으로 구성되며, 블록들은 암호화 해시 값으로 연결되어 체인처럼 이어진다. 블록 헤더에는 이전 블록의 해시 값이 저장되어 모든 블록이 시간 순서대로 연결된다. 이러한 구조는 정보의 무결성과 불변성을 보장한다. 또한 거래 데이터는 블록에 저장된 거래의 세부 정보를 포함한다. 블록 헤더는 타임스탬프, 난이도 목표, 임시 루트 등 다양한 메타 데이터를 포함한다. 해시 값은 블록의 고유한 디지털 지문으로, 이전 블록의 해시 값을 포함하며 블록 간의 연속성을 유지한다. 만약 누군가가 이전 블록의 데이터를 수정하려 한다면 그 블록뿐만 아니라 이후의 모든 블록의 해시 값을 재계산해야 하는데, 이는 사실상 불가능하다.

다양한 블록체인 네트워크에서 모든 거래가 안전하게 관리될 수 있는 것은 이 구조 덕분이다. 비트코인 블록체인에서는 수많은 참가자가 네트워크를 통해 거래를 검증하고 기록한다. 이러한 분산된 시스템은 특정 지점에서 발생할 수 있는 장애를 제거하여 보안성을 높이고 다양한 응용 분야에서 정보의 무결성과 불변성을 유지하게 해 준다.

⬆ 작업 증명과 지분 증명

블록체인의 신뢰성과 보안을 유지하기 위해 주로 사용되는 대표적인 합의 알고리즘은 작업 증명(Proof of Work)과 지분 증명(Proof of Stake)이 있다.

작업 증명(Proof of Work)은 네트워크 참여자가 복잡한 수학 문제를 풀어야 하는 방식으로 새로운 블록이 네트워크에 추가된다. 이 방식은 많은 컴퓨터 자원을 요구하여 에너지 소모가 크다. 비트코인 네트워크는 이 방법을 사용하여 거래를 검증하고 새로운 비트코인을 생성한다. 이 과정에서 채굴자들은 고성능 컴퓨터나 채굴 장비를 사용해 문제를 풀고, 성공적으로 문제를 푼 채굴자는 새로운 블록을 추가할 수 있는 권한과 함께 보상을 받는다.

반면, 지분 증명(Proof of Stake)은 참여자가 자신의 암호화폐 일부를 담보로 제공하여 네트워크의 보안을 유지하는 방식이다. 이 방법은 작업 증명보다 에너지 효율이 높다. Solana(솔라나)와 같은 플랫폼은 지분 증명 방식을 채택하고 있다. 이 시스템에서는 많이 담보할수록 더 많은 거래를 검증할 기회를 얻고, 이에 따른 보상도 많이 받게 된다. 네트워크 참여자들이 자신의 지분을 증명하여 거래를 검증하고 보상을 받는 것이다.

이더리움은 작업 증명에서 지분 증명으로 전환한 대표적인 사례인데, 이는 더 많은 에너지를 절약하고 네트워크의 확장성을 높이기 위한 노력의 일환이다. 지분 증명으로 전환함으로써 이더리움은 에너지 효율성을 높이고, 더 많은 사용자에게 네트워크 참여 기회를 제공할 수 있게 되었다.

⛰ 다양한 합의 알고리즘

블록체인의 신뢰성과 보안을 유지하는 데 사용되는 합의 방법에는 여러 가지가 있다. 각 방법은 저마다 특정 상황에 적합한 고유의 특징과 장점을 가지고 있다.

위임 지분 증명(Delegated Proof of Stake, DPoS): 네트워크 참여자들이 대표자를 선출하여 블록을 생성하는 방식으로, 빠른 거래 속도와 높은 확장성을 제공한다.

예시: TRON (TRX) (2017), EOS (EOS) (2018), ICON (ICX) (2020).

지분 기반 비잔틴 장애 허용(Practical Byzantine Fault Tolerance, PBFT): 참여자들이 합의를 통해 거래를 검증하는 방식으로, 빠른 확인 시간과 낮은 에너지 소비를 특징으로 한다.

예시: Zilliqa (ZIL) (2017), Terra (LUNA) (2019), Harmony (ONE) (2020).

작업 증명과 지분 증명의 하이브리드(Hybrid PoW/PoS): PoW와 PoS 의 장점을 결합하여 보안성과 에너지 효율성을 동시에 추구한다.

예시: Decred (DCR) (2016), (2017), Horizen (ZEN) (2018), Hybrix (HY) (2020).

공간 증명(Proof of Space, PoSpace)과 시간 증명(Proof of Time, PoTime): 하드 드라이브의 여유 공간과 시간을 활용하여 블록을 생성하는 방식으로, 에너지 효율성을 높인다.

예시: Chia (XCH) (2021), Storj (STORJ) (2022), Spacemesh (SMESH) (2023).

시공간 증명(Proof of Space-Time, PoST): 하드 드라이브의 여유 공간과 이를 사용하는 시간을 결합하여 블록을 생성하는 방식으로, 에너지 효율성을 높인다.

예시: Filecoin (FIL) (2020), Chia (XCH) (2021).

활동 증명(Proof of Activity, PoA): PoW와 PoS의 요소를 결합하여 보안성과 에너지 효율성을 동시에 제공한다.

예시: Espers (ESP) (2016), Komodo (KMD) (2016), Verus Coin (VRSC) (2018).

권위 증명(Proof of Authority, PoA): 신뢰된 노드들이 블록을 생성하는 방식으로, 빠른 거래 처리와 낮은 에너지 소비를 특징으로 한다.

예시: VeChain (VET) (2015), Ethereum Kovan Testnet (2017), Bitrock (2023).

유동 지분 증명(Liquid Proof of Stake, LPOS): 기존의 지분 증명(PoS) 모델을 확장하여 유동성을 높인 방식으로, 사용자들이 지분을 유동적으로 위임하고 철회할 수 있게 하여 네트워크의 유연성과 참여를 높인다.

예시: Tezos (XTZ) (2018).

부분 지분 증명(Fractional Proof of Stake, FPOS): 지분의 일부만을 사용하여 합의를 이끌어내는 방식으로, 전체 지분의 소유 비율이 아닌 부분적인 지분을 사용하여 네트워크의 보안을 유지한다.

예시: Minter (BIP) (2019).

역사 증명(Proof of History, PoH): 시간의 흐름을 증명하는 방식을 사용하여 트랜잭션의 순서를 기록하는 알고리즘으로, 네트워크의 효율성과 확장성을 크게 향상시킨다.

예시: Solana (SOL) (2020).

AI 기반 합의 메커니즘(AI-Enabled Consensus Mechanisms): 인공지능(AI)을 활용하여 블록체인 네트워크의 효율성, 확장성, 적응성을 향상시키는 새로운 합의 메커니즘으로, 강화 학습, 유전 알고리즘, 퍼지 로

직 등을 이용해 블록 검증 및 전파 과정을 최적화하고 보안성을 강화한다.

예시: Numeraire (NMR) (2017), SingularityNET (AGI) (2017), Fetch.ai (2019).

다중 에이전트 강화 학습 기반 지분 증명(Multi-agent Reinforcement Learning based Proof of Stake, MRL-PoS): 여러 에이전트를 사용하는 강화 학습 기법을 적용하여 PoS 블록체인의 의사결정 과정을 최적화하고, 검증자 간의 공정한 블록 검증을 촉진하여 네트워크의 탈중앙화 및 보안을 강화한다.

예시: PTezos (XTZ) (2018), Algorand (ALGO) (2019), Cardano (ADA) (2020).

간결 작업 증명(Proof of Succinct Work, PoSW): 영지식 증명(Zero-Knowledge Proofs)을 활용하여 블록을 생성하는 방식으로, 높은 보안성과 에너지 효율성을 동시에 제공한다.

예시: Aleo (ALEO) (2024 메인넷 출시 예정).

Proof of Succinct Work(PoSW)는 블록체인 분야, 특히 Aleo 블록체인에서 공식적으로 사용되는 새로운 합의 알고리즘이다. PoSW는 작업 증명(Proof of Work, PoW)과 영지식 증명(Zero-Knowledge Proofs, ZKPs)의 원리를 결합하여 높은 보안성과 에너지 효율성을 보장한다. PoSW에서는 채굴자가 블록체인 상의 거래와 상태 전환을 검증하기 위해 간결 비대화 증명(SNARKs)을 생성한다. 이는 전통적인 PoW가 SHA-256 해시를 사용하여 계산 집약적인 작업을 수행하는 것과 대조적이다. 대신, PoSW는 블록체인의 상태를 검증하는 유용한 증명을 생성하는 데 초점을 맞추어, 작업을 에너지 효율적이고 실질적으로 가치 있게 만든다.

다양한 합의 알고리즘들은 블록체인 네트워크의 요구와 환경에 따라 채택될 수 있으며, 각기 다른 방식으로 보안과 효율성을 강화한다.

03

블록체인은 일상과 산업을 어떻게 변화시킬까?

최근 많은 사람들이 커피숍, 식당, 마트, 택시, 대중교통, 편의점, 약국 등에서 QR 코드를 스캔해 결제하는 모습을 쉽게 볼 수 있다. 이러한 변화는 디지털 결제 시스템의 발전을 보여주는 한 예다. 이와 같은 디지털 혁신과 함께 블록체인 기술도 금융, 헬스케어, 에너지, 정부 서비스 등 다양한 분야에서 혁신을 이끌며 실질적인 변화를 만들어내고 있다. 블록체인은 이제 우리의 일상에 깊숙이 자리 잡고 있으며, 데이터의 안전한 관리와 투명성을 보장하는 데 중요한 역할을 하고 있다.

▲ 금융 서비스 혁명

블록체인 기술은 무엇보다도 금융 서비스에 혁신적인 변화를 가져오고 있다. 특히 국제 송금 분야에서는 암호화폐를 활용해 전통적인 은행 시스템보다 송금 시간과 비용을 크게 줄이고 있다. 이는 자산 관리의 보안성을 강화하고 글로벌 금융 거래의 패러다임을 변화시키는 데 중요한 역할을 한다. 블록체인을 사용하는 금융 네트워크는 전 세계 은행과 금융 기관이 협력하여 송금을 몇 초 내에 처리할 수 있게 한다. 이를 통해 금융 서비스의 접근성과 속도가 크게 향상되고, 금융의 포용성이 전 세계적으로 확대되고 있다. 또한 탈중앙화 금융(DeFi)은 전통적인 금융 시스템과 다른 접근 방식을 제공한다. 스마트 계약을 기반으로 하는 DeFi 플랫폼을 통해 사용자는 은행이나 기타 금융 기관 없이도 다양한 금융 서비스를 직접 이용할 수 있다. 블록체인 도입은 단순한 기술 혁신을 넘어 경제적, 사회적 차원에서 긍정적인 변화를 가져오는 중요한 도구다.

▲ 공급망 관리

블록체인 기술은 공급망 관리에서 제품의 생산과 유통 과정에 대한 추적의 정확성을 향상시키며, 식품의 생산, 유통, 저장, 판매 과정을 모두 기록하고 실시간으로 데이터를 업데이트한다. 이러한 투명성은 식품의 신선도와 안전성을 보장하며, 식품 안전 문제에 빠르게 대응할 수 있는 기반을 제공한다. 명품 상품, 약품, 전자 제품 등 다양한 산업에서도 이 기술을 활용해 제품의 진위 여부를 쉽게 확인할 수 있게 하여, 위조품 유통을 줄이고 소비자 신뢰를 높이는 데 큰 도움이 된다. 일례로 'IBM Food Trust'는 블록체인 기술을 통해 식품의 이동 경로를 추적하고, 제품의 안전성을 보장하는 프로젝트를 진행하고 있다. 세계적인 유통 기업인 '까르푸(Carrefour)'는 IBM과 협력해 블록체인 기반의 추적 시스템을 구축했으며, 이를 통해 소비자들은 제품의 원산지와 이동 경로를 실시간으로 확인할 수 있다.

♠ 헬스케어 분야

블록체인 기술은 헬스케어 분야에서 환자 데이터의 안전한 관리와 의약품 공급망의 투명성을 크게 향상시킨다. 환자의 의료 기록이 블록체인에 한 번 기록되면 변경이 불가능하며, 오직 승인된 의료진만이 접근할 수 있다. 이는 환자 정보의 보안을 강화하고, 의료진이 환자의 전체 의료 이력을 쉽게 확인할 수 있게 하여 정확한 진단과 효과적인 치료를 가능하게 한다. 의약품 공급망에서는 약품의 생산부터 배송까지 모든 과정을 기록하여 제약 회사와 병원이 약품의 흐름을 실시간으로 추적할 수 있다. 이러한 투명성은 위조품 유통을 방지하며, 환자들이 안전하고 신뢰할 수 있는 의약품을 이용할 수 있게 한다. 미국의 '메이요 클리닉(Mayo Clinic)'은 세계적으로 유명한 의료 연구와 치료 기관으로, 혁신적인 의료 서비스를 제공하고 있다. 블록체인 기술을 통해 환자 데이터를 안전하게 관리하고, 의료 연구 데이터의 투명성과 무결성을 보장하는 시스템을 도입했다.

♠ 비트코인 현물 ETF 승인

2024년, '블랙록(BlackRock)'은 미국 증권거래위원회(SEC)로부터 비트코인 현물 ETF를 승인받았다. 이로 인해 블랙록을 포함한 많은 자산 운용사가 비트코인 현물 ETF를 출시할 수 있게 되었다. 이러한 ETF는 투자자들이 비트코인을 직접 소유하지 않고도 비트코인의 가격 변동에 투자할 수 있도록 하여, 비트코인을 투자 포트폴리오에 쉽게 포함시킬 수 있는 기회를 제공한다. 이는 비트코인의 유동성을 증가시키고, 시장의 안정성을 높이는 데 기여할 것으로 기대된다. 블랙록의 비트코인 현물 ETF 승인과 출시는 기관 투자자들이 비트코인을 포트폴리오에 쉽게 포함시킬 수 있게 되면서 암호화폐 시장에 전통 금융 자본의 유입을 증가시키고 있다. 결과적으로 비트코인이 전통 금융 시스템에 통합되는 과정에서 블록체인의 가능성과 실질적인 활용성이 더욱 부각되고 있다.

⬆ 자산 관리의 혁신

블록체인 기술은 자산 관리 분야에서도 혁신을 가져오고 있다. 블록체인 기술을 통해 기록된 디지털 자산은 변경이 불가능하여 무결성이 보장된다. 이로 인해 개인과 기관 투자자가 자신의 자산을 더욱 안전하게 관리할 수 있게 되었다. 특히, 부동산 소유권을 토큰화해 글로벌 자산 관리를 혁신하는 사례가 증가하고 있다. 토큰화란 자산을 암호화폐 토큰으로 변환하는 과정을 의미하며, 이를 통해 부동산 소유권을 블록체인에 기록하여 거래할 수 있다. 부동산을 여러 개의 암호화폐 토큰으로 나누어 각 토큰이 해당 부동산의 소유 지분을 나타낸다. 투자자들은 부동산을 직접 구매하지 않고도 소액으로 부동산 투자를 할 수 있고, 글로벌 시장에서 쉽게 거래할 수 있다. 이러한 접근은 투자자들이 전 세계 어디서나 부동산에 투자할 수 있게 하여 금융 시장의 투명성과 효율성을 높이고 안전한 투자 환경을 제공한다.

⬆ 정부 서비스의 디지털화

블록체인 기술은 정부 서비스의 디지털화에 중요한 역할을 하고 있다. 선거 시스템의 투명성과 공적 문서의 디지털화를 통해 데이터 보안과 효율성을 크게 개선하고 있다. 블록체인을 활용한 선거 시스템은 투표 과정을 불변의 데이터 블록으로 저장해 조작 가능성을 제거하고, 유권자들이 결과에 대한 확신을 가질 수 있게 한다. 이는 선거의 신뢰성을 크게 향상시키고 투명성을 높인다. 또한, 부동산 등기부터 계약서까지 모든 공적 문서가 블록체인에 안전하게 기록되어 모든 거래 내역이 투명하게 관리된다. 이러한 시스템은 문서 변경을 불가능하게 하여 법적 문서의 안전성을 보장하고, 사기나 위조를 방지한다. 이는 정부 운영의 효율성을 크게 향상시키고 전체적인 서비스의 질을 개선한다.

▲ 블록체인 기술의 영향

블록체인 기술은 다양한 산업에서 실질적이고 긍정적인 변화를 가져오고 있다. 국제 송금을 더 빠르고 저렴하게 만들고, 자산 관리의 보안을 강화하며, 공급망의 투명성을 높인다. 또한, 환자 데이터와 의약품을 쉽게 추적할 수 있게 하고, 재생 가능 에너지를 효과적으로 관리하며, 정부 서비스의 디지털화를 통해 행정 효율성을 높인다. 이러한 혁신은 기술적, 규제적 도전 과제와 함께 진행되며, 블록체인 기술의 미래는 지속적인 발전과 함께 산업 전반에 걸쳐 변화를 이끌 것이다. 네트워크 확장성과 처리 속도의 개선, 암호화폐와 블록체인 시스템을 위한 적절한 법적 틀의 구축이 필요하다. 전 세계적으로 경제와 사회에 혁신적인 변화를 가져올 이 기술은, 기술적 진보를 넘어 사회적, 경제적 차원에서도 긍정적인 영향을 지속적으로 미칠 것이다.

04

암호화폐 거래소의 역할과 미래를 전망하다

요즘 우리에겐 온라인 쇼핑몰에서 물건을 사고파는 것이 일상이 되었다. 인기 있는 전자상거래 사이트에서 여러 종류의 상품을 비교하고 원하는 물건을 장바구니에 담아 결제하는 과정은 매우 간편하다. 이처럼 암호화폐 거래소는 사용자들이 다양한 암호화폐를 손쉽게 거래하고, 투자 기회를 찾을 수 있는 디지털 플랫폼이다. 암호화폐 거래소는 암호화폐 시장의 핵심으로, 투자자들에게 다양한 거래 옵션과 투자 기회를 제공하며 거래를 쉽게 하고 시장의 활력을 증진시키며 가격 형성에 기여한다.

▲ 암호화폐 거래소의 기능

암호화폐 거래소는 다양한 암호화폐 자산을 거래하는 디지털 플랫폼이다. 2024년에는 주요 거래소인 바이낸스와 코인베이스가 새로운 보안 시스템을 도입하여 해킹 방지와 사용자 자산 보호를 강화했다. 이러한 노력은 사용자의 신뢰와 거래소의 안전성을 확보하는 데 중요한 역할을 한다.

사용자는 거래소를 통해 비트코인, 이더리움 등 다양한 암호화폐를 거래할 수 있다. 거래소는 유동적인 시장을 제공하여 자산을 빠르고 쉽게 사고 팔 수 있게 하고, 거래 내역을 블록체인에 기록해 투명하고 신뢰할 수 있는 시스템을 구축한다. 또한 거래소는 금융 접근성을 높이는 중요한 역할을 하는데, 중앙화된 금융 시스템에서는 일부 사람들이 금융 서비스에 접근하기 어려웠던 반면, 암호화폐 거래소는 누구나 쉽게 암호화폐를 사고 팔 수 있는 환경을 제공하기 때문이다.

♠ 중앙화 거래소와 탈중앙화 거래소

암호화폐 거래소는 운영 방식에 따라 중앙화 거래소(CEX)와 탈중앙화 거래소(DEX)로 구분된다. 먼저 중앙화 거래소는 중앙 관리자가 거래를 중개하고 사용자 자산을 보관한다. 대표적인 중앙화 거래소로는 바이낸스(Binance)와 코인베이스(Coinbase)가 있다. 이들은 높은 거래 속도와 다양한 거래 옵션을 제공하지만, 중앙 관리자가 사용자 자산을 보관하기 때문에 해킹 등의 보안 문제에 취약할 수 있다.

탈중앙화 거래소는 스마트 계약을 활용하여 블록체인 상에서 거래를 자동으로 수행하는 시스템을 갖추고 있다. 유니스왑(Uniswap)과 같은 탈중앙화 거래소는 블록체인 기술을 기반으로 거래를 처리한다. 이는 중앙 관리자의 개입 없이도 안전하고 투명한 거래를 가능하게 한다. 이처럼 탈중앙화 거래소는 암호화폐의 진정한 가치와 철학을 반영하여 중앙화된 금융 시스템의 문제점을 극복하고, 사용자들이 더욱 자유롭고 투명하게 거래할 수 있는 환경을 제공하고자 하지만, 거래 속도가 느리고, 사용자의 기술적 이해도가 필요하다는 단점이 있다.

중앙화 거래소와 탈중앙화 거래소의 거래 속도 차이는 운영 방식의 차이에서 비롯된다. 중앙화 거래소는 중앙 서버를 통해 거래를 처리하기 때문에 매우 빠른 속도로 거래를 완료할 수 있다. 이는 마치 쇼핑몰에서 물건을 사고 결제하는 과정처럼, 중간에 관리자가 있어서 모든 것이 신속하게 이루어지는 것이다. 반면에, 탈중앙화 거래소는 블록체인 네트워크를 통해 거래를 검증하고 기록하기 때문에 시간이 더 오래 걸린다. 블록체인 네트워크는 전 세계에 분산된 컴퓨터들이 합의를 통해 거래를 처리하므로, 각 거래를 처리하고 기록하는 데 시간이 필요하다. 이는 마치 우리가 직접 물건을 사고팔기 위해 여러 사람들과 일일이 확인하고 거래를 마무리하는 것과 비슷하다. 중앙화 거래소는 효율성과 속도를, 탈중앙화 거래소는 보안성과 투명성을 각각 중시하는 운영 방식을 채택하고 있다.

☚ 거래소의 보안과 신뢰성

암호화폐 거래소의 보안과 신뢰성은 매우 중요하다. 상기했듯 중앙화 거래소는 많은 사용자 자산을 보관하기 때문에 해킹의 위험이 있다. 실제로 2014년 마운트곡스(Mt. Gox) 거래소 해킹 사건으로 많은 사용자가 자산을 잃은 사례가 있다. 이 사건으로 인해 사용자들은 더 나은 보안을 요구하게 되었고, 이는 전체 암호화폐 산업의 발전에 기여했다. 실제로 2024년 3월, 중앙화 거래소인 바이낸스는 새로운 다중 서명 기술을 도입하여 사용자 자산 보호를 강화했다. 이로써 해킹 사고를 예방하고, 거래의 신뢰성을 높이고자 한 것이다.

상술했듯 탈중앙화 거래소는 블록체인 기술을 이용해 거래를 관리한다. 블록체인에 기록된 거래 내역은 누구나 확인할 수 있고, 변경할 수 없다. 이는 거래의 신뢰성을 높이고 부정 행위를 방지한다. 그러나 탈중앙화 거래소도 스마트 계약의 취약점으로 인해 보안 문제가 발생할 수 있다. 암호화폐 거래소는 보안 강화를 위해 지속적인 노력을 기울여야 한다. 암호화폐의 특성상 완전한 보안이 확보되지 않으면 사용자 신뢰를 얻기 어렵기 때문이다.

최근 몇 가지 주요 해킹 사건이 있었다. 2024년 6월, 라이키(Lykke) 암호화폐 거래소는 해킹 공격을 받아 2,200만 달러(약 286억 원)의 암호화폐를 도난당했다. 이 사건으로 인해 거래가 중단되었고, 사용자들은 자산 접근에 어려움을 겪었다. 또한, 2024년 4월, 레인(Rain) 거래소는 해킹 공격으로 1,410만 달러(약 183억 원)의 자산이 도난당했으나, 회사는 즉시 보유 자산으로 손실을 메우고 고객 자산에는 영향을 미치지 않았다.

이러한 사건들은 암호화폐 거래소가 직면한 보안 문제의 심각성을 보여준다. 거래소는 강력한 보안 시스템을 구축하고 지속적으로 개선해야 한다. 사용자 자산을 보호하기 위한 노력은 거래소의 신뢰성을 유지하고, 암호화폐 시장의 지속 가능한 성장을 위해 필수다.

♠ 거래소의 수익 모델

암호화폐 거래소는 다양한 수익 모델을 통해 운영된다. 가장 일반적인 수익 모델은 거래 수수료다. 거래소는 사용자가 암호화폐를 거래할 때마다 일정 비율의 수수료를 부과한다. 이는 거래소의 주요 수익원이다. 거래소는 상장 수수료를 통해 수익을 창출할 수 있다. 새로운 암호화폐 프로젝트가 거래소에 상장되기 위해 일정 금액을 지불해야 한다. 이는 거래소의 또 다른 수익원이 된다. 상장 수수료는 암호화폐 프로젝트의 인지도와 거래소의 인기에 따라 달라질 수 있다. 상장 수수료는 프로젝트의 성공 가능성, 기술적 혁신성, 커뮤니티 지원 등을 고려하여 결정된다. 각 거래소는 프로젝트의 개별적인 평가를 바탕으로 수수료를 결정한다. 대부분의 경우 상장 수수료는 비공개로 진행된다. 일부 거래소는 프로젝트가 특정 기준을 충족하면 상장 수수료를 면제해주기도 한다. 탈중앙화 거래소(DEX)들은 일반적으로 상장 수수료가 없거나 매우 낮은 편이다.

♠ 거래소의 법적 규제와 준수

암호화폐 거래소는 각국의 법적 규제를 준수해야 한다. 각국은 암호화폐 거래소에 대해 서로 다른 규제를 적용하고 있다. 이는 거래소의 운영에 영향을 미친다. 미국의 경우 암호화폐 거래소에 대해 강력한 규제를 적용하고 있다. 거래소는 SEC(미국 증권거래위원회)와 CFTC(상품선물거래위원회)의 규제를 준수해야 한다. 암호화폐 거래소는 AML(자금 세탁 방지) 및 KYC(고객 신원 확인) 규정을 준수하여 자금 세탁 방지와 고객 신원 확인을 철저히 시행해야 한다. 거래소는 사용자로부터 신원 확인 정보를 수집하고, 의심스러운 거래를 감시하여 보고해야 한다. 이러한 절차와 규제는 투자자를 보호하고 시장의 건전성을 유지하는 데 중요한 역할을 한다. 그러나 과도한 규제는 시장의 혁신을 저해할 수 있다. 균형 잡힌 접근이 필요하다.

☆ 암호화폐 거래소의 미래 전망

암호화폐 거래소의 미래 전망은 매우 밝다. 기술적 발전과 글로벌 경제 통합의 추세 속에서 거래소는 중요한 역할을 할 것이다. 블록체인 기술의 발전은 거래소의 투명성과 효율성을 크게 향상시키고 있으며, 다양한 산업에서 블록체인 기반 솔루션들이 도입되고 있다. 이는 거래소의 가치와 필요성을 더욱 부각시키고 있다. 하지만 암호화폐가 기축통화로 자리 잡고 상용화되면, 현재의 중앙화된 거래소는 변화를 모색하거나 축소될 가능성이 크다. 중앙화된 거래소는 강력한 보안과 사용자 친화적인 시스템을 제공하지만, 규제와 보안 문제로 인해 운영이 어려워질 수 있다. 규제가 강화될수록 운영 부담이 커질 것이다. 이에 반해 탈중앙화된 거래소는 중개자 없이 거래를 지원하고, 자산에 대한 사용자 통제를 강화할 수 있는 장점을 지니고 있어 점차 더 널리 사용될 것이다.

탈중앙화된 거래소는 결국 블록체인 기술을 기반으로 블록체인의 이상을 최대한 실현한 방식의 거래소다. 그러므로 탈중앙화된 거래소는 암호화폐 시장이 발전함에 따라 더욱 중요한 역할을 하게 될 것이다. 암호화폐가 기축통화로 자리 잡게 되면 변동성 문제도 많이 해소된다. 일단 암호화폐가 안정성을 확보하면, 일상적인 거래와 금융 활동에서 더욱 널리 사용될 수 있다.

이러한 변화는 암호화폐 생태계의 전반적인 발전과 성장을 촉진할 것이다. 중앙화된 거래소는 혁신과 변화를 통해 새로운 역할을 찾으려 할 것이다. 탈중앙화된 거래소는 더욱 강력한 생태계를 구축할 것이다. 암호화폐가 주류 금융 시스템의 중요한 축으로 자리 잡을 때까지, 중앙화와 탈중앙화된 거래소 모두 각자의 강점을 살려 함께 발전할 가능성이 높다. 이를 통해 암호화폐 시장은 더 확고한 안정성을 갖추게 된다.

05

글로벌 통화 전쟁은 암호화폐가 평정한다

현대 경제 시스템은 국경을 넘나드는 거래와 금융 활동의 증가로 인해 점점 더 글로벌화되고 있다. 이러한 세계화의 물결 속에서 기존의 국가별 화폐 시스템은 다양한 문제점을 드러내고 있다. 특히, 환율 변동, 국가 간의 금융 불균형, 그리고 거래 비용 등의 문제는 국제 무역과 금융 거래에 큰 장애물로 작용하고 있다. 이러한 상황에서 암호화폐는 글로벌 공통 화폐로서의 가능성을 제시하며 주목받고 있다. 암호화폐는 기존의 화폐 시스템을 대체하거나 보완할 수 있는 잠재력을 가지고 있다.

글로벌 공통 화폐로서 암호화폐가 가지는 가장 큰 장점 중 하나는 바로 환율 문제를 해결할 수 있다는 점이다. 현재의 금융 시스템에서는 각국의 화폐 가치가 다르기 때문에 환전 과정에서 발생하는 비용과 시간이 큰 문제로 작용하고 있다. 특히, 국제 무역이나 해외 송금 등의 경우 환전 수수료와 환율 변동으로 인한 손실이 상당하다. 하지만 암호화폐는 단일한 통화 단위로서 전 세계 어디서나 동일한 가치를 가지기 때문에 이러한 문제를 근본적으로 해결할 수 있다. 이는 국제 거래의 효율성을 극대화하고, 비용을 절감하며, 금융 거래의 속도를 크게 향상시킬 것이다.

또한 개발도상국에서는 암호화폐를 통해 금융 접근성이 향상되고 있다. 현재 전 세계적으로 은행 계좌를 가지지 못한 인구가 약 20억 명에 이른다. 이들은 금융 서비스를 이용하지 못해 경제 활동에 제한을 받는 경우가 많다. 그러나 암호화폐는 스마트폰이나 인터넷만 있으면 누구나 쉽게 접근할 수 있는 금융 서비스를 제공할 수 있다. 이는 전 세계적으로 경제적 불평등을 완화하고 개발도상국의 경제 성장을 촉진하는 요소로 작용할 수 있다.

암호화폐가 글로벌 공통 화폐로서 자리 잡기 위해서는 몇 가지 해결해야 할 과제들이 있다. 첫째는 보안 문제다. 암호화폐 거래의 안전성을 보장하기 위해 블록체인 기술의 발전과 더불어 해킹 방지 기술이 필수다. 현재도 많은 암호화폐 거래소가 해킹 공격에 노출되어 막대한 피해를 입은 사례가 있다. 이러한 보안 문제를 해결하기 위해서는 기술적 발전뿐만 아니라 법적, 제도적 장치가 필요하다. 각국 정부와 국제기구는 암호화폐 거래의 안전성을 확보하기 위한 규제를 마련하고, 거래소의 보안 수준을 높이기 위한 기준을 설정해야 한다.

둘째로, 암호화폐의 변동성 문제도 중요한 과제 중 하나다. 비트코인과 같은 주요 암호화폐는 높은 변동성을 가지고 있어 일상적인 거래 수단으로 사용하기에는 어려움이 있다. 이를 완화하기 위한 방법으로 스테이블코인이 제안되고 있다. 스테이블코인은 법정화폐나 자산에 연동되어 가치를 안정적으로 유지하는 암호화폐로, 대표적으로 테더(USDT), USD코인(USDC) 등이 있다. 스테이블코인은 변동성을 줄여 암호화폐가 보다 안정적으로 거래에 사용될 수 있도록 돕는다. 이러한 스테이블코인은 암호화폐가 널리 사용되기까지 중간 단계 역할을 한다.

셋째는 확장성 문제다. 블록체인 네트워크의 거래 처리 능력과 속도에는 한계가 있다. 특히 비트코인과 같은 초기 블록체인 시스템에서 이 문제가 두드러진다. 네트워크가 커질수록 거래 처리 속도가 느려지고, 수수료도 올라간다. 이는 블록체인이 분산되어 있어서, 모든 거래를 네트워크의 모든 컴퓨터(노드)에서 검증해야 하기 때문이다. 쉽게 말해, 블록체인은 많은 사람들이 동시에 사용하면 일 처리가 느려지는 인터넷과 비슷한 문제를 겪는다. 이로 인해 네트워크가 혼잡해지면, 거래 속도가 더 느려지고 사용자들은 빠른 처리를 위해 더 많은 수수료를 내야 한다.

'세그윗'과 같은 프로토콜 업그레이드는 이 문제에 대한 해결책 중 하나로, 거래의 세부 정보를 분리하여 블록 내에 더 많은 거래를 저장할 수 있도록 한다. 세그윗의 도입으로 비트코인 블록체인은 블록 크기를 늘리지 않고도 더 많은 거래를 처리할 수 있게 되었다. 이로 인해 거래가 더욱 빠르게 처리되며, 사용자들은 이전보다 낮은 수수료로 거래할 수 있다.

넷째는 암호화폐의 법적 지위 문제다. 현재 암호화폐는 국가마다 법적 지위가 다르며, 일부 국가에서는 불법으로 간주되기도 한다. 암호화폐가 글로벌 공통 화폐로 기능하기 위해서는 국제적인 표준과 법적 인정이 필요하다. 이를 위해 각국 정부와 국제기구가 협력하여 통일된 규제 방안을 마련하고, 암호화폐의 법적 지위를 명확히 하는 것이 중요하다.

엘살바도르는 2021년 9월 비트코인을 법정화폐로 채택한 최초의 국가가 되었다. 엘살바도르의 대통령 나이브 부켈레는 비트코인을 통해 경제를 혁신하고 금융 접근성을 높이려는 목표를 가지고 있었다. 2023년 조사에 따르면 엘살바도르 국민의 15%가 비트코인을 실제로 사용하고 있다. 이는 국가 차원에서 비트코인을 법정화폐로 사용한 실제 사례다.

엘살바도르의 비트코인 법정화폐 지정과 실생활에서의 사용은 암호화폐 초기 단계의 실험적 사례다. 이는 시작에 불과하며 앞으로 법정화폐로 지정하는 나라는 점차 늘어날 것이다. 시작이 반이라는 말이 있듯이 암호화폐는 이미 글로벌 공통화폐로의 첫발을 내디딘 것이다. 엘살바도르에서 전 국민의 15%가 이미 실생활에 비트코인을 결제수단으로 사용하고 있다는 것은 놀라운 일이다.

나는 2016년부터 비트코인이 법정화폐가 될 것이라고 주장해왔으며, 2021년 5월에 출간된 저서 『블록체인이 미래를 바꾼다』에서도 이 주장을 23번이나 반복했다. 책이 출간된 후, 2021년 9월에 엘살바도르는 실제로 비트코인을 법정화폐로 지정했다. 당시 블록체인 전문가 과정에서 함께 공부했던 동문들 중 아무도 나의 주장에 동의하지 않았지만, 최근 그들을 다시 만나자 그들은 "당시 논쟁할 때는 절대 법정화폐는 되지 않을 거라 생각했는데, 진짜 법정화폐가 된 나라가 생겼네요." 하고 말했다. 아마 내 책이 비트코인이 법정화폐가 된다는 주장을 책으로 명확히 제시한 최초의 사례일 것이다.

다섯째는 에너지 소비 문제다. 현재 많은 암호화폐가 채굴 과정에서 대량의 전력을 소비하는 문제를 안고 있다. 채굴로 인해 발생하는 환경문제는 지속 가능한 발전에 역행하는 요소로 작용할 수밖에 없다. 따라서 암호화폐가 글로벌 공통 화폐로 자리 잡기 위해서는 보다 효율적인 채굴 방식과 에너지 절약 기술의 개발이 필요하다. 일부 암호화폐는 이미 이러한 문제를 해결하기 위해 스테이킹(Staking) 방식이나 지분 증명(Proof of Stake, PoS)와 같은 새로운 합의 알고리즘을 도입하고 있다. 실례로, 이더리움은 작업 증명에서 지분 증명으로 전환하여 에너지 사용량을 크게 줄였다. 이는 에너지 소비를 줄이고, 환경 친화적인 암호화폐 생태계를 구축한다.

여섯째는 사용자 교육과 인식 문제다. 아직 많은 대중들이 암호화폐에 대해 잘 모르거나, 잘못된 정보를 가지고 있다. 이는 암호화폐의 보급과 사용을 저해하는 사실상 가장 큰 요소다. 또한 블록체인의 기술적 복잡성은 일반 사용자가 이해하고 사용하기 어렵다. 이를 해결하기 위해 사용자 친화적인 시스템 개발과 사용자 경험을 개선하는 다양한 노력이 이루어지고 있다. 블록체인 지갑의 인터페이스를 단순화하거나, 사용자가 쉽게 거래를 관리할 수 있는 모바일 앱을 개발하는 등의 방법이 있다. 각국 정부와 국제기구는 암호화폐에 대한 올바른 정보를 제공하고, 교육 프로그램을 통해 일반 대중의 이해를 높이는 노력을 기울여야 할 것이다.

암호화폐가 글로벌 공통 화폐로 자리 잡기 위해서는 이러한 과제들을 해결하고 국제적인 협력과 기술적 발전이 병행되어야 한다. 암호화폐는 기존의 금융 시스템이 가지는 많은 문제점을 해결할 수 있는 잠재력을 가지고 있다. 이는 국제 거래의 효율성을 높이고, 금융 접근성을 개선하며, 경제적 불평등을 완화하는 데 기여할 수 있다. 암호화폐는 미래의 글로벌 공통 화폐로서 단순한 금융 혁신을 넘어, 글로벌 경제 시스템의 근본적인 변화를 가져올 수 있는 중요한 요소가 될 것이다.

06

암호화폐의 미래는 집단지성이 설계한다

여름철, 도심 속에서 사람들이 자발적으로 모여 공동으로 운영하는 커뮤니티 정원을 떠올려 보라. 이 정원에서는 각자가 씨앗을 심고 가꾸며, 수확한 채소와 과일을 함께 나눈다. 누구의 주도나 명령도 없이, 누구나 참여할 수 있고 모두가 공동의 노력을 통해 혜택을 얻는 이 과정은 집단지성의 힘을 잘 보여준다. 마찬가지로, 암호화폐의 발전도 전 세계 사람들이 자발적으로 참여하고 협력하면서 이루어낸 결과다. 전 세계인의 지혜와 협력이 새로운 경제 시스템을 만들어가고 있다.

▲ 법정화폐와 비트코인의 비교

전 세계가 주목하는 경제학자 레바논 아메리칸 대학의 경제학 교수 사이페딘 아모스는 법정화폐와 비트코인을 비교하며 법정화폐의 복잡성과 문제점을 지적했다. 아모스 교수는 법정화폐의 인플레이션, 중앙은행의 통제, 그리고 금융 시스템의 불투명성 등 다양한 문제를 강조한 반면, 비트코인이 이러한 문제를 해결할 대안이 될 가능성을 제시했다.

실제로 2008년 글로벌 금융 위기 이후, 많은 사람들이 기존 금융 기관과 정부에 대한 불신을 갖기 시작했다. 이 시기 동안 많은 사람들이 은행과 금융 기관의 안정성에 의문을 제기했고, 그 결과로 대안적인 금융 시스템을 모색하게 되었다. 이러한 상황에서 비트코인은 중앙 기관의 개입 없이 개인 간의 직접 거래를 가능하게 하는 매력적인 대안으로 떠올랐다. 비트코인의 탈중앙화, 제한된 공급, 그리고 블록체인 기술을 통한 투명성은 법정화폐가 가지지 못한 장점으로 꼽힌다.

사이페딘 아모스 교수는 비트코인이 금융 시스템의 혁신을 가져올 것으로 기대한다. 그는 비트코인이 국제 송금, 자산 관리, 계약 이행 등의 분야에서 새로운 표준을 세울 것이라고 전망한다. 아모스 교수는 기존 금융 시스템의 취약점을 보완할 수 있는 블록체인의 특성을 근거로 비트코인이 글로벌 경제의 미래에 중요한 역할을 할 수 있다고 주장했다.

▲ 비트코인의 초기 불신과 현재 위치

2009년 비트코인이 처음 등장했을 때, 많은 사람들은 이를 '사기'라고 치부했다. 비트코인은 수많은 의심과 오명 속에서 그 실체와 가치를 인정받지 못했다. 비트코인이 금융 시스템을 혁신할 수 있다는 주장에 대해 회의적인 시각이 많았다. 그러나 15년이 지난 현재, 비트코인은 디지털 시대의 새로운 자산으로 자리 잡았다. 2024년, 비트코인은 미국에서 최초로 비트코인 현물 ETF(상장지수펀드)가 승인되어 더욱 주목받고 있다.

⬆ 비트코인의 미래 전망

미국의 벤처투자 거물이자 비트코인 신봉자인 팀 드레이퍼는 비트코인의 가격이 1,000만 달러(약 136억 원)까지 상승할 수 있다고 주장했다. 그는 비트코인으로 직접 음식, 옷, 주택 등을 구매하고 세금까지 지불할 수 있는 시나리오가 현실화될 수 있다고 말한다. 실제로, 2024년 비트코인 가격은 73,798달러(1억 원)를 넘어서며 새로운 기록을 세웠다. 마이크로스트레티지의 CEO 마이클 세일러는 비트코인이 2045년까지 최소 1,300만 달러(약 180억 원)에 이를 것이라 주장하기도 했다.

많은 전문가들은 비트코인의 가격이 장기적으로 상승할 것이라고 예측한다. 이는 비트코인의 희소성과 탈중앙화된 구조에서 비롯된다. 비트코인의 공급량이 한정되어 있어 수요가 증가하면 가격이 상승할 가능성이 크다. 비트코인의 채택이 확대됨에 따라 그 가치는 더욱 높아질 것이다.

⬆ 집단지성의 힘

전 골드만삭스 임원은 2025년 암호화폐 사용자가 12억 명에 이를 것으로 전망하며, 코인 시가총액이 10년 내 300조 달러(약 40경 원)에 이를 것이라고 예상한다. 현재 코인 시가총액이 약 2.7조 달러(약 3,500조 원)인 점을 감안하면, 100배 이상 더 상승할 가능성이 있다는 의미다. 이는 암호화폐가 글로벌 경제에서 차지하는 비중이 커질 것임을 의미한다. 집단지성이 결국 암호화폐를 글로벌 기축통화로 만들어 갈 것이라는 전망은 더 이상 먼 미래의 이야기가 아니다.

전 세계 80억 인구 중 한 사람의 생각으로 비트코인이 세상에 모습을 드러냈다. 하나가 둘이 되고 둘이 넷이 되며, 세포 분열이 일어나듯 비트코인을 신봉하는 사람들이 하나둘 늘어나기 시작했다. 이제는 팬덤이 되어 전 세계로 확산되고 있다. 잠시 지나가는 유행일 것이라는 말, 사기라는 비난, 여러 악담을 들었지만, 비트코인은 강하게 살아남았다. 결국 이제는 글로벌 공통 기축통화의 자리를 넘보고 있다. 이는 비트코인의 잠재력을 알아본 사람들이 신뢰를 바탕으로 점차 늘어나며 전 세계로 확산된 결과다. 현재 비트코인의 가치는 말 그대로 전 세계의 집단지성이 만들어낸 것이며, 이것이 진정한 집단지성의 힘이다.

집단지성이 작동하는 방식은 암호화폐의 기본 원리와도 일치한다. 블록체인 기술을 기반으로 한 탈중앙화 시스템은 모든 참여자가 자기 자신의 위치에서 네트워크의 일부로서 기여하고 혜택을 받을 수 있는 구조를 가지고 있다. 암호화폐의 가치와 신뢰, 그리고 성공은 개별 사용자들의 신뢰와 참여에 달려 있다. 비트코인과 이더리움과 같은 주요 암호화폐는 이미 많은 사람들에게 신뢰를 얻었고, 이들의 가치 상승은 더 많은 사람들을 끌어들였다. 이러한 신뢰의 확산은 특정 정부나 기관으로부터 비롯된 통화가 아닌 세계인 모두, '우리'의 통화를 가능케 한다. 암호화폐가 글로벌 기축통화로서의 역할을 수행하게 되는 날이 오면, 이는 단순히 기술적 혁신의 결과가 아니라 전 세계 사람들의 협력과 참여로 이루어진 역사적인 변화일 것이다.

잠시 지나가는
유행일 것이라는 말,
사기라는 비난,
여러 악담을 들었지만,
비트코인은
강하게 살아남았다.

BLOCK CHAIN

제 6 장

암호화폐 투자와
채굴의 기초

REVOLUTION

01

비트코인 ETF는 투자 시장의 새 물결이다

우리는 매일 버스나 지하철 대중교통을 타고 이동한다. 하지만 최근에는 모바일 앱을 통해 간편하게 공유 자전거나 전동 킥보드를 대여해 출근하는 사람들이 늘고 있다. 이처럼 새로운 기술이 일상생활에 녹아드는 것처럼, 비트코인 현물 ETF도 투자자들에게 암호화폐 시장에 쉽게 접근할 수 있는 기회를 제공한다. 이러한 변화는 일상에서 우리가 편리함을 추구하는 방식과도 비슷한 맥락이다.

▲ ETF란 무엇인가?

ETF(상장지수펀드)는 주식시장에 상장되어 거래되는 펀드로, 특정 지수나 자산의 가격을 추적한다. ETF는 1993년 미국에서 처음 도입된 이후 급격히 성장해온 금융 상품으로, 초기에는 주식 시장의 주요 지수를 추종하는 형태로 시작되었으나 현재는 원자재, 채권, 부동산 등 다양한 자산을 포함하는 ETF가 출시되고 있다. ETF는 주식처럼 쉽게 매매할 수 있으며,

다양한 자산에 분산 투자할 수 있는 장점이 있다. 투자자들은 개별 주식을 선택하는 대신 다양한 자산으로 구성된 포트폴리오에 투자할 수 있는 셈이다.

♠ 비트코인 현물 ETF의 기본 개념

비트코인 현물 ETF는 투자자들이 비트코인을 직접 구매하지 않고도 그 수익률에 투자할 수 있게 해주는 금융 상품이다. 이는 암호화폐 시장에 쉽게 접근할 수 있게 하고, 비트코인의 가격 변동성을 활용할 수 있는 기회를 제공한다. 비트코인 현물 ETF는 주식처럼 거래소에서 거래되며 비트코인의 실제 가격을 추적하여 투자자들이 비트코인을 직접 소유하지 않고도 수익을 얻을 수 있게 한다. 특히 주식 계좌를 통해 비트코인에 투자할 수 있기 때문에, 전통적인 금융 상품에 익숙한 투자자들에게 매력적인 선택이 된다. 예시로 캐나다의 Purpose Bitcoin ETF와 유럽의 21Shares Bitcoin ETP가 있다.

비트코인 현물 ETF는 기존의 비트코인 선물 ETF와 다르다. 선물 ETF는 비트코인 선물 계약을 추적하는 반면, 현물 ETF는 실제 비트코인의 가격 변동을 추적한다. 이는 투자자들이 보다 직관적으로 비트코인의 시장 움직임을 반영하는 수익을 얻을 수 있도록 한다.

♠ 비트코인 현물 ETF 도입의 효과

비트코인 현물 ETF의 도입은 암호화폐 시장에 큰 변화를 가져왔다. 승인 이후 비트코인 가격이 급등했고, 비트코인 현물 ETF는 기관 투자자들에게도 매력적인 투자 기회를 제공했다. 이로써 투자자들이 더 쉽게 비트코인에 접근할 수 있게 되어 거래량이 늘어났고, 이는 시장의 안정성에도 긍정적인 영향을 미쳤다.

▲ 기관 투자자들의 역할

기관 투자자들은 규제와 보안 문제로 인해 직접 암호화폐에 투자하기를 꺼려하지만, ETF를 통하면 간접적으로 암호화폐에 투자할 수 있다. 기관 투자자들의 참여는 암호화폐 시장의 신뢰도를 높이며, 더 많은 개인 투자자들이 시장에 진입할 수 있도록 유도한다. 이는 시장의 유동성을 증가시키고 하방향 변동성을 줄이는 데 기여한다. 그러나 상방향 변동성은 여전히 존재하며, 비트코인이 실생활에서 결제가 확산되고 기축 통화로 사용될 경우 그 가치는 천정부지로 상승할 가능성이 있다. 즉 ETF를 통한 기관 투자자의 참여 증가는 비트코인의 가격 하락을 방어하면서도 안정적인 상승을 이끄는 데에 도움을 주는 것이다.

▲ 글로벌 영향

비트코인 현물 ETF의 도입은 글로벌 암호화폐 시장에도 큰 영향을 미쳤다. 미국의 승인 이후 유럽과 아시아의 여러 국가에서도 ETF를 도입하려는 움직임이 나타나고 있다. 캐나다, 독일, 스위스, 브라질, 호주, 홍콩은 이미 비트코인 현물 ETF를 도입한 상태다. 이는 글로벌 암호화폐 시장의 성장을 가속화하고, 각국의 투자자들이 더 쉽게 암호화폐에 접근할 수 있게 한다. 현재는 많은 나라가 비트코인 ETF를 받아들이지 않고 있지만,

머지않아 앞다투어 받아들이는 날이 올 것이다.

2024년 1월, 미국 증권거래위원회(SEC)가 비트코인 현물 ETF를 승인하면서 블랙록(BlackRock)의 iShares Bitcoin Trust ETF(IBIT)가 나스닥에서 거래를 시작했다. IBIT는 초기 거래일에 큰 관심을 끌며 높은 거래량을 기록했다. 이 ETF의 승인은 암호화폐 시장에 긍정적인 영향을 미쳤다. 비트코인 가격은 2024년 중반까지 큰 상승세를 보였으며, 현물 ETF의 인기가 더욱 높아지고 있다. 전문가들은 비트코인 반감기와 ETF 도입 효과가 결합되어 비트코인 가격이 올해 2억 원 이상까지 상승할 가능성을 전망하고 있다.

♠ 비트코인 직접 투자와 비트코인 현물 ETF 투자 비교

비트코인 직접 투자의 장점과 단점

직접 투자의 장점은 투자자가 비트코인을 직접 보유하며, 결제나 송금 등 다양한 용도로 활용할 수 있다는 점이다. 투자자는 자신의 자산에 대해 완전한 통제권을 갖는다. 단점으로는 비트코인을 직접 보유할 경우 해킹과 도난의 위험이 있으며, 개인 지갑을 관리하고 보안을 유지하는 데 많은 노력이 필요하다는 점이 있다.

비트코인 현물 ETF 투자의 장점과 단점

비트코인 현물 ETF 투자의 장점은 주식 계좌를 통해 쉽게 거래할 수 있다는 점이다. ETF를 통해 간접적으로 비트코인에 투자하기 때문에 해킹이나 도난의 위험이 적다. 다양한 투자 전략을 적용할 수 있어 포트폴리오

다각화 전략을 쉽게 실행할 수 있다. 단점으로는 투자자가 실제 비트코인을 소유하지 않는다는 점과 ETF 운영에 따른 관리 수수료가 발생할 수 있다는 점이 있다.

2024년에는 비트코인과 이더리움 ETF 승인, 비트코인 반감기, 다양한 새로운 블록체인 기술의 도입으로 암호화폐 시장이 더욱 활성화될 것으로 예상된다. 이러한 변화는 암호화폐의 주류 수용을 가속화하고 더 많은 사람들이 암호화폐를 투자 수단으로 고려하게 할 것이다.

02

암호화폐 투자, 구매냐 채굴이냐?

암호화폐 시장의 성장으로 이를 통해 부자가 되고자 하는 사람들이 늘어나고 있다. 그러기 위해서는 시세가 상승하기 전에 많은 암호화폐를 확보하는 것이 중요하다. 암호화폐를 확보하는 방법에는 거래소에서 구매하는 방법과 채굴을 통해 확보하는 방법이 있다.

▲ 암호화폐 구매

거래소에서 암호화폐를 구매하는 방법은 가장 일반적이고 간편한 방법이다. 투자자는 원하는 암호화폐를 선택하고 거래소에서 직접 구매할 수 있다. 거래소에서 구매할 경우 장점은 간편한 접근성이다. 거래소는 사용자 인터페이스가 직관적이며, 누구나 쉽게 접근할 수 있다. 은행 계좌를 통해 손쉽게 암호화폐를 구매할 수 있으며, 투자자는 원하는 암호화폐를 선택할 수 있다. 비트코인, 이더리움, 리플 등 인기 있는 암호화폐뿐만 아니라 신생 암호화폐까지 선택의 폭이 넓다. 거래소에서 구매한 암호화폐는 즉시 사용자의 지갑으로 전송되므로 빠르게 확보할 수 있으며, 주요 거래소는 강력한 보안 시스템을 갖추고 있어 자산을 안전하게 보호한다.

그러나 거래소 구매의 단점도 있다. 거래소는 거래 수수료를 부과한다. 특히 거래량이 많은 경우 수수료를 무시하기 어렵다. 또 대부분의 거래소는 결국 중앙화된 시스템으로 해킹의 위험이 있다. 게다가 각국의 정부가 암호화폐 거래에 대해 규제를 강화하면서 거래소 이용이 제한될 위험이 있으며, KYC(고객 확인 절차)와 같은 복잡한 절차가 요구될 수 있다. 특히 규제 변화에 민감한 국가에서는 갑작스러운 규제로 인해 거래소 운영이 중단될 위험도 있다. 또한 거래소에서 거래하는 경우 시장의 변동성에 즉각적으로 노출되기 때문에 자산의 가치가 급격히 변할 수 있다.

거래소 해킹 피해 사례로는 2014년 한때 세계에서 가장 큰 비트코인 거래소였던 마운트 곡스가 약 4억 8천만 달러(당시 약 5,000억 원) 상당의 비트코인을 도난당해 파산에 이른 사건이 있다. 이 해킹 사건은 비트코인 거래의 70% 이상을 처리하던 대형 거래소의 붕괴를 초래했다. 이때 총 85만 비트코인이 도난당했으며, 이는 당시 비트코인 총량의 약 7%에 해당하는 양이었다. 또 2018년 1월에는 일본의 암호화폐 거래소 코인체크가 약 5억 3천만 달러(당시 약 5,700억 원) 상당의 NEM 코인을 도난당하는 사건을 겪었다. 이 사건은 핫 월렛을 통한 해킹으로 발생했으며, 당시 세계 최대의 암호화폐 도난 사건으로 기록되었다. 이 두 사건은 전 세계 암호화폐 거래소의 보안에 경종을 울렸고, 거래소에 자산을 보관하는 것의 리스크가 수면 위로 떠오르게 되었다.

▲ 암호화폐 채굴

암호화폐 채굴은 네트워크의 트랜잭션을 검증하고 블록을 생성하는 과정에서 보상을 받는 방법이다. 채굴의 장점은 말 그대로 직접 채굴로 암호화폐를 획득할 수 있다는 것이다. 이 방법은 거래소에서 구매하지 않고 초기 투자만으로 지속적으로 암호화폐를 얻을 수 있으며 분산화된 네트워크에서 이루어지기 때문에 중앙화된 거래소의 해킹 위험에서 벗어날 수 있다는 점에서 매력적이다. 초기 투자와 전기료 등의 운영 비용을 감안하더라도, 장기적으로는 높은 수익을 얻을 수 있다. 특히 채굴 난이도가 높아져 경쟁자가 줄어들고 암호화폐 가격이 상승할 경우 수익성이 더욱 높아진다.

하지만 채굴에도 장점만 있지는 않다. 채굴 장비(ASIC 또는 GPU) 구입과 전기료 등 초기 비용이 많이 든다. 채굴 장비의 성능이 지속적으로 향상되므로 꾸준한 업그레이드도 필요하다. 또한 채굴은 많은 전력을 소비하므로 전기료가 많이 들며, 시간이 지남에 따라 채굴 난이도가 증가하므로 동일한 장비로 점점 더 적은 양의 암호화폐를 채굴하게 된다. 또 채굴을 위해서는 장비의 하드웨어와 소프트웨어에 대한 전문 지식이 필요하며 장비를 관리하고 최적화하는 데 많은 시간과 노력이 필요하다. 최근에는 환경 문제로 인해 일부 국가에서는 채굴을 규제하거나 금지하는 움직임도 나타나고 있다.

♠ 위탁 채굴

위탁 채굴은 직접 채굴 장비를 구입하고 운영하는 대신 채굴 업체에게 채굴을 맡기는 방식이다. 이 방법의 장점은 채굴 장비의 관리와 운영에 대한 부담을 줄일 수 있다는 점이다. 위탁 채굴을 통해 초기 투자 비용과 전기료 등의 운영 비용을 예측 가능하게 관리할 수 있으며, 전문 업체가 장비를 운영하므로 안정성과 효율성이 높다. 또한, 위탁 채굴 업체는 대규모로 운영되기 때문에 일반 개인보다 더 나은 조건에서 전기를 공급받아 더 높은 수익을 올릴 수 있다.

위탁 채굴의 단점은 첫째, 위탁 채굴 업체에 지불해야 하는 수수료가 있다는 점이다. 이는 장기적으로 수익성을 낮출 수 있다. 둘째, 위탁 채굴 업체의 신뢰성에 문제가 있을 수 있다. 일부 업체는 운영이 불투명하거나, 분야 특성상 지식이 부족한 사람들이 몰린다는 것을 노려 사기성 행위를 할 가능성이 있다. 셋째, 채굴 환경의 변화에 민감하다. 암호화폐 가격 하락이나 채굴 난이도의 급격한 상승 등 외부 요인에 의해 수익성이 크게 변동할 수 있다. 마지막으로, 일부 국가에서는 위탁 채굴이 규제 대상이 될 수 있다.

♠ 구매와 채굴의 비교

거래소 구매와 직접 채굴, 그리고 위탁 채굴은 각각의 장단점을 가지고 있으며, 투자자의 상황과 목표에 따라 적합한 방법이 달라질 수 있다. 거래소 구매는 간편하고 접근성이 높은 반면, 수수료와 중앙화 시스템의 단

점이 있다. 반면 직접 채굴과 위탁 채굴은 직접 암호화폐를 생성하는 방법
으로, 초기 비용과 전기료 등의 운영 비용이 많이 들지만 분산화된 시스템
으로 안전할 수 있다. 투자자는 자신의 기술적 지식, 자본, 시간 등을 고려
하여 적합한 방법을 선택해야 한다.

▲ 암호화폐 선택

암호화폐 시장에는 수천 가지의 암호화폐가 존재하지만, 모든 암호화폐
가 성공할 가능성이 높은 것은 아니다. 따라서 어떤 암호화폐를 확보해야
할지 신중하게 선택하는 것이 중요하다. 다음으로는 안정성과 성장 가능
성을 겸비한 암호화폐 몇 가지를 소개한다.

비트코인(Bitcoin)은 최초의 암호화폐로, 가장 널리 알려져 있으며 시
장에서 높은 신뢰를 받고 있다. 비트코인은 디지털 금으로 불리며, 인플레
이션에 강하고 장기적인 투자 가치가 높아 대형 투자자들의 관심을 끌고
있다. 중앙화된 기관의 개입 없이 운영되는 탈중앙화 네트워크를 통해 보
안성과 투명성을 제공하며, 2,100만 개로 공급량이 제한되어 희소성이 있
어 가격 상승의 잠재력을 지닌다. 하지만 높은 변동성과 느린 거래 처리
속도로 인해 일상적인 거래보다는 가치 저장 수단으로 주로 사용된다. 또
한, 채굴 과정에서 많은 에너지가 소모되어 환경에 미치는 영향에 대한 우
려도 있다. 그럼에도 불구하고, 비트코인은 암호화폐 시장에서 가장 널리
사용되는 자산으로, 다양한 분야에서 채택이 확대되고 있다.

이더리움(Ethereum)은 스마트 계약 기능을 갖춘 암호화폐로, 다양한 분산 애플리케이션(dApp)이 개발될 수 있는 환경을 제공한다. 이더리움 2.0 업그레이드를 통해 성능이 향상될 예정이며, 탈중앙화 금융(DeFi) 및 NFT(대체 불가능 토큰) 등 다양한 분야에서 활용되고 있다. 이러한 확장성과 유연성은 이더리움을 다양한 프로젝트와 혁신적인 솔루션의 기반으로 만들고 있다. 그러나 높은 거래 수수료와 네트워크 혼잡도는 해결해야 할 과제로 남아 있다.

리플(Ripple)은 금융 기관 간의 국제 송금을 신속하고 저렴하게 처리하기 위해 개발된 암호화폐다. 리플은 기존 금융 시스템과의 연계를 목표로 하여 많은 파트너십을 구축하고 있다. 리플의 기술력과 확장성은 장기적인 성장 가능성을 높이는 요소다. 특히, 실시간으로 저비용 국제 송금을 가능하게 하는 리플의 기술은 금융 업계에서 큰 관심을 받고 있다. 하지만, 리플은 일부 국가에서 규제 문제에 직면해 있어 이로 인한 법적 불확실성이 존재한다.

알레오코인(Aleo)은 프라이버시 중심의 암호화폐로, 사용자의 데이터를 보호하면서도 스마트 계약을 실행할 수 있도록 설계되었다. 알레오코인은 영지식 증명(Zero-Knowledge Proofs)을 사용하여 보안성을 높여 거래 세부 사항을 공개하지 않고도 거래의 유효성을 입증할 수 있다. 또한, 알레오코인은 이더리움 등 기존 네트워크에 종속되지 않고 독립적인 생태계를 구성하여 운영된다. 그 덕에 강력한 프라이버시 보호를 바탕으로 개인 사용자와 개발자 모두가 쉽게 사용하고 프로그래밍이 가능하도록 설계되었다. 이는 알레오코인의 장기적인 성장을 가능케 한다. 그러나, 프라이버시에 중점을 둔 만큼 규제 당국의 감시와 정책적 변화에 민감할 수 있는 단점도 있다.

파일코인(Filecoin)은 분산형 데이터 저장소 네트워크로 사용자들에게 여유 있는 저장 공간을 제공하고 보상을 받을 수 있게 하는 암호화폐다. 파일코인은 데이터 저장의 신뢰성과 높은 보안을 보장하며, 중앙화된 데이터 센터에 대한 의존도를 줄여 장기적인 성장 가능성을 갖추었다. 이는 특히 개인 정보 보호와 데이터 주권이 중요해지는 현대 사회에서 큰 강점으로 작용한다. 그러나, 파일코인의 성장은 네트워크의 용량과 참여자 수에 따라 영향을 받을 수 있으며, 이로 인해 초기 사용자의 참여 유도가 중요하다.

암호화폐로 부자가 되기 위해서는 시세 상승이 일어나기 전에 많은 암호화폐를 확보하는 것이 중요하다. 어떤 암호화폐를 확보할지에 대해서는 비트코인, 이더리움, 리플, 알레오코인, 파일코인처럼 안정성과 성장 가능성을 겸비한 암호화폐를 고려하는 것이 좋다. 이들 암호화폐는 각각의 특징과 장점이 있고 장기적인 투자 가치가 높다. 암호화폐 시장은 변동성이 크기 때문에 신중한 접근이 필요하다. 시장 동향을 주의 깊게 살펴보고, 자신의 투자 목표와 전략에 맞는 암호화폐를 선택하여 부를 쌓아가길 바란다.

03

암호화폐 위탁 채굴 가이드

♠ 위탁 채굴의 개념과 장점

위탁 채굴은 개인이 직접 채굴 장비를 구매하고 운영하는 대신, 전문 채굴 회사에 채굴을 맡겨 암호화폐를 채굴하는 것이다. 채굴 회사는 최신 기술과 장비를 사용하여 효율적인 채굴 환경을 제공하고 유지 및 관리 문제를 해결해 주며, 개인 투자자들은 초기 투자 비용과 기술적 어려움 없이 채굴에 쉽게 참여할 수 있다. 이러한 이유로 많은 투자자들이 위탁 채굴을 선택하고 있다.

위탁 채굴의 성공 여부는 어떤 채굴 회사를 선택하느냐에 달려 있다. 신뢰할 수 있는 회사를 선택하면 안정적인 수익을 기대할 수 있지만, 그렇지 않으면 큰 손실을 입을 위험이 크다. 따라서 채굴 회사를 선택할 때 몇 가지 중요한 요소를 고려해야 한다.

▲ 다양한 리스크 분석

오너 리스크

오너 리스크는 채굴 업체의 소유자나 경영진의 신뢰성과 관련된 위험을 의미한다. 경영진이 경험이 부족하거나 비윤리적인 행위를 할 경우, 회사의 명성 손상뿐만 아니라 법적 문제를 초래할 수 있다. 따라서 경영진의 경력, 과거 실적, 평판에 대한 철저한 사전 조사가 필요하다.

자본 리스크

자본 리스크는 채굴 업체의 재정 상태와 관련된 위험을 의미한다. 재정적으로 불안정한 업체는 필요한 장비를 구매하거나 유지 보수할 자금이 부족할 수 있다. 암호화폐 가격 변동이나 채굴 난이도의 상승 등으로 인해 수익성이 감소하면 회사가 재정적 어려움을 겪을 수 있다. 실제로 암호화폐 가격이 급락했을 때 자본력 부족으로 인해 문을 닫은 회사들이 많다.

법적 리스크

법적 리스크는 채굴 업체가 위치한 국가의 법적 환경과 관련된 위험을 의미한다. 각국의 암호화폐 규제는 매우 다양하며, 일부 국가에서는 암호화폐 채굴이 불법일 수 있다. 해당 지역에서 암호화폐 채굴이 합법인지, 관련 규제가 무엇인지 확인하는 것이 필요하다.

기술 리스크

기술 리스크는 채굴 업체가 사용하는 기술의 안정성과 관련된 위험을 의미한다. 최신 기술을 사용하지 않는 업체는 채굴 효율이 떨어질 수 있다. 구형 장비를 사용하면 전력 소모가 많아지고 채굴 속도가 느려질 수 있다. 최신 기술을 도입하고 정기적으로 업그레이드하는 것이 중요하다.

운영 리스크

운영 리스크는 채굴 업체의 운영 능력과 관련된 위험을 의미한다. 전력 공급 문제나 장비 고장 발생 시 빠르게 대응하지 못하면 큰 손실을 초래할 수 있다. 업체의 운영 이력과 문제 발생 시 대응 방식을 평가하여 운영 리스크를 최소화할 수 있다.

환경 리스크

환경 리스크는 채굴 활동이 환경에 미치는 영향과 관련된 위험을 의미한다. 소음과 열 관리가 제대로 이루어지지 않는 업체는 환경 규제를 위반할 수 있으며, 이는 장기적인 운영에 부정적인 영향을 미칠 수 있다. 냉각 시스템, 전력 공급, 환기 시스템 등이 잘 갖추어져 있는지 확인하도록 하자.

정책 리스크

정책 리스크는 정부의 정책 변화나 규제 강화에 따른 리스크를 의미한다. 정부가 암호화폐 채굴에 대한 규제를 강화하면 해당 국가에서의 채굴 활동이 어려워질 수 있다.

보안 리스크

보안 리스크는 사이버 공격이나 내부 보안 침해로 인한 위험을 의미한다. 해킹으로 인해 대규모 암호화폐가 도난당하면 큰 손실을 입을 수 있으므로 회사가 강력한 보안 시스템을 구축하고 정기적으로 점검을 하는지 확인해야 한다.

▲ 글로벌 암호화폐 채굴 선도기업

암호화폐 채굴회사는 투자자들로부터 자금을 모아 암호화폐를 채굴하는 두 가지 주요 방식이 있다. 첫 번째 방식은 채굴한 암호화폐를 투자자에게 직접 분배하는 구조이며, 두 번째 방식은 운영 수익이 발생하면 주식 투자에서 이익 배당을 받듯이 투자자에게 배당 수익을 지급하는 구조다. 파일업(FileUp)은 전자의 방식을 취하고 있으며, 마라톤 디지털 홀딩스(Marathon Digital Holdings)와 Hut 8 Mining Corp는 후자의 방식을 취하고 있다.

파일업(FILEUP)

FILEUP은 영국에 설립된 블록체인 채굴 서비스 제공 업체로, 다양한 국제 비즈니스 파트너들과 협력하여 네트워크를 확장해 왔다. 최신 채굴 기술과 장비를 사용하여 효율성과 안정성을 유지하며, 지속적으로 기술을 업그레이드하고 채굴 효율성을 높이고 있다. FILEUP은 클라우드 기반 채굴 관리 시스템을 도입하여 실시간으로 채굴 현황을 모니터링하고 채굴 성과를 극대화하며, 예상치 못한 문제 발생 시 신속하게 대응할 수 있다. 또한, FILEUP은 투명성과 신뢰성을 중시하여 주기적인 보고서를 통해 운영 현황을 공개한다.

마라톤 디지털 홀딩스

마라톤 디지털 홀딩스는 미국의 주요 비트코인 채굴 기업으로, 대규모 채굴 장비 구매와 운영을 통해 높은 채굴 효율성을 실현하고 있다. 전력 비용이 저렴한 지역에 대규모 채굴장을 운영하며, 재생 가능 에너지를 사용하여 환경적 책임을 다하는 동시에 최신 ASIC 채굴기를 대량으로 구매하여 에너지 소비를 줄이고 효율성을 극대화하고 있다.

Hut 8 Mining Corp

Hut 8 Mining Corp는 캐나다에 본사를 둔 주요 비트코인 채굴 회사로, 북미 전역에 걸쳐 대규모 채굴 시설을 운영하고 있다. 미국 데이터 마이닝 그룹과의 합병을 통해 규모를 크게 확장했으며, 투명한 운영 방식을 채택하여 정기적인 재무 보고서를 통해 운영 현황을 공개하고 있다.

FILEUP과 마라톤 디지털 홀딩스, Hut 8 Mining Corp는 각각의 강점과 전략을 통해 암호화폐 채굴 산업에서 중요한 위치를 차지하고 있다. FILEUP은 글로벌 네트워크 확장과 최신 기술 도입을 통해, 마라톤 디지털 홀딩스는 대규모 채굴장 운영과 환경 친화적 접근을 통해, Hut 8 Mining Corp는 북미에서의 확장과 기술 혁신을 통해 경쟁력을 유지하고 있다. 독자들이 여러 업체를 비교 분석하고 투자와 운영 전략을 수립하는 데에 참고하길 바란다.

BLOCK CHAIN

제 7 장

암호화폐와
금융 혁신의
새로운 시대

REVOLUTION

01

비트코인 1억 원 돌파의 근본적 의미

2024년 3월 11일, 비트코인의 가격이 1억 원을 돌파했다. 비트코인의 첫 번째 실제 거래는 2010년 5월 22일, 플로리다에 거주하는 한 남자가 1만 비트코인으로 피자 두 판을 구매한 것이었다. 이 사건은 '비트코인 피자 데이'로 기념되고 있다. 비트코인이 1억 원을 돌파한 시점에서 현재 시세로 환산하면 피자 두 판에 1조 원을 지불한 셈이 된다.

비트코인의 1억 원 돌파는 금융 역사상 매우 중요한 이정표로 기록될 것이다. 비트코인이 단순한 디지털 자산에서 글로벌 금융 시장의 핵심 요소로 자리매김하는 과정을 상징하는 이 사건은 암호화폐의 진화와 미래를 재조명하는 계기가 되었다. 이는 단순한 가격 상승을 넘어 다양한 의의를 갖는 사건이다.

이 사건의 의미를 몇 가지로 나누어 설명할 수 있다.

첫째, 비트코인의 가격 상승은 암호화폐가 더 이상 소수의 기술 애호가들만의 관심사가 아니라, 전 세계적인 금융 자산으로 인정받았음을 보여준다. 비트코인의 네트워크가 2024년 5월 5일, 15년 만에 10억 번째 거래를 처리하는 기록을 달성했다는 점도 주목할 필요가 있다. 이는 비트코인이 안정적인 가치 저장 수단으로 자리 잡았다는 것을 의미한다.

비트코인은 총 발행량이 2,100만 개로 한정되어 있어 수요가 증가하면 가격이 크게 상승할 수 있고, 탈중앙화된 네트워크와 높은 보안성을 가지고 있어 디지털 금으로 비유되며, 인플레이션에 대한 헤지(hedge) 수단으로 인식된다. 이러한 특성들로 인해 비트코인은 많은 투자자들에게 가치 저장 수단으로서 매력을 가지게 되었다.

둘째, 비트코인이 1억 원을 돌파한 것은 제도권 금융 상품으로서의 위상을 공고히 했다는 뜻이다. 특히 미국에서 비트코인 현물 ETF(상장지수펀드)가 승인되면서, 비트코인은 정식 금융 시장의 일부로 인정받았다. 이는 투자자들에게 암호화폐에 대한 신뢰를 구축하고, 암호화폐의 수용 범위를 넓히는 데 기여했다.

셋째, 비트코인의 1억 원 돌파는 사회적, 심리적 영향도 미쳤다. 미디어의 보도로 인해 많은 사람들이 비트코인에 대한 긍정적인 인식을 가지게 되었고, 일론 머스크(Elon Musk)의 테슬라(Tesla)가 2021년에 비트코인을 구매해 결제 수단으로 채택하고 엘살바도르와 같은 나라들이 비트코인을 법정화폐로 채택하는 등, 국가나 기업, 유명인 등이 비트코인을 공개적으로 지지하면서 대중의 관심이 더욱 증폭되었다. 이는 비트코인의 경제적 가능성을 더욱 부각시켰다. 이와 동시에 많은 사람들이 경제적 자유를 추구하며 비트코인에 투자하기 시작했고, 이는 비트코인의 장기 가치에 대한 논의와 전략 수립을 활발하게 만들었다.

넷째, 비트코인의 가격 상승은 규제 환경에도 변화를 불러일으켰다. 비트코인이 제도권 금융 상품으로 인정받으면서, 정부와 금융 규제 기관은 암호화폐를 공식 금융 시스템에 포함시키기 위해 법률과 규정을 개정하고 새로운 정책을 도입했다. 이러한 조치는 암호화폐 시장의 투명성을 높이고, 투자자 보호를 강화하는 데 중점을 두고 있다. 유럽 연합은 2024년에 암호화폐 시장의 투명성을 높이고 투자자 보호를 강화하기 위한 새로운 규제안을 발표했다. 또한, 아시아의 싱가포르와 홍콩은 암호화폐 거래소의 라이선스 체계를 도입하고 있다.

분석가들은 비트코인의 가격 추세, 거래량, 다양한 지표들을 분석하여 장기적인 상승 가능성을 시사하고 있다. 많은 분석가들은 비트코인의 추세선이 상승 추세를 유지할 것으로 예상하며, 추가적인 가격 상승 가능성을 전망하고 있다. 글로벌 투자자들과 시장 전문가들도 비트코인의 가격 상승을 긍정적으로 평가하고 있다.

비트코인의 1억 원 돌파는 비트코인이 글로벌 금융 시장에서 중요한 자산으로 자리 잡는 과정을 상징적으로 보여준다. 이는 비트코인이 단순한 디지털 자산이나 투기의 대상이 아닌, 글로벌 경제에 실질적인 영향을 미칠 수 있는 신뢰와 법적 기반을 갖춘 금융 자산으로 자리 잡는 중요한 계기가 되었다. 이는 암호화폐의 본질적 가치와 기술적 잠재력을 인정받은 결과로, 앞으로 비트코인과 다양한 암호화폐 자산의 발전에 대한 기대감은 더 커질 것이다.

비트코인의 미래에는 여전히 극복해야 할 과제가 있지만, 이는 해결될 가능성이 높다. 정부의 규제, 기술적 문제 해결, 시장의 변동성은 비트코인의 가격과 역할에 큰 영향을 미칠 수 있다. 이러한 도전에도 불구하고, 비트코인은 지속적인 혁신과 적응을 통해 이러한 문제를 극복할 잠재력을 가지고 있다. 더욱이, 비트코인의 기반 기술인 블록체인은 계속해서 발전하고 있으며, 많은 전문가들은 비트코인이 디지털 자산의 중요한 부분으로 자리 잡을 것이라고 믿고 있다. 비트코인은 장기적으로 긍정적인 전망을 가지고 있으며, 지속적인 성장이 기대된다.

02

암호화폐의 법적 지위와 글로벌 규제 현황

2009년 비트코인의 출현은 금융 시장에 큰 변화를 가져왔고, 그 후로 계속해서 법적 불확실성과 규제 부족으로 여러 도전에 직면해 있다. 국가별 경제적, 법적 맥락에 따라 암호화폐의 법적 지위는 다르게 정의된다.

▲ 주요 경제국의 법적 접근

미국, 일본, 유럽연합 등 주요 경제국들은 암호화폐의 법적 지위를 명확히 하기 위해 다양한 접근을 취하고 있다. 이는 암호화폐 시장의 성장과 안정성에 중요한 영향을 미친다. 명확한 법적 지위는 투자자와 사용자에게 신뢰를 주어 시장의 투명성과 안정성을 강화한다.

미국에서는 주마다 다른 규제가 적용되며, 연방 차원에서는 SEC와 CFTC가 각각 역할을 한다. SEC는 일부 암호화폐를 증권으로, CFTC는 비트코인을 상품으로 간주하여 규제를 적용한다. 2024년 1월 SEC는 비트코인 ETF를 승인하여 암호화폐가 전통적인 증권 시장에 진입할 수 있는 길을 열었고, 2021년 통과된 법안에 따라 대규모 암호화폐 거래 보고가 의무화되었다. 미국은 암호화폐 시장에서의 지배력 강화와 달러의 국제적 지위를 보호하기 위해 이러한 규제 노력을 지속하고 있다.

미국이 암호화폐를 경계하는 이유는 주로 미국 달러의 지배력을 유지하려는 데 있다. 미국 달러는 오랫동안 세계 경제의 기축통화로서 국제 무역과 금융 거래의 중심 역할을 해왔다. 이를 통해 미국은 경제적, 정치적으로 강력한 영향력을 행사해왔다. 그러나 비트코인과 이더리움 같은 탈중앙화된 디지털 자산의 등장은 이러한 달러 중심 지배 구조에 위협이 된다.

미국 정부는 암호화폐가 미국 달러의 지배력을 약화시킬 수 있다고 보고 이를 통제하려 한다. 비트코인은 중앙은행의 통제를 받지 않고 국경을 초월한 직접 거래가 가능하다는 점 때문에 국제 무역과 금융 거래에서 미국 달러의 의존도를 낮출 잠재력을 가지고 있다.

최근 몇 년간 미국은 암호화폐 관련 법안을 지속적으로 강화하여 암호화폐의 확산을 억제하고 있다. 그러나 미국은 단순히 암호화폐를 억제하는 것에 그치지 않고, 암호화폐 분야에서의 패권을 잡기 위해 다각도로 준비하고 노력하고 있다. 그 예시로 미국은 비트코인 ETF를 승인하고, 중앙은행 디지털 화폐(CBDC) 연구를 강화하는 등 자국 내 암호화폐 혁신과 산업 발전을 촉진하기 위해 다양한 정책을 추진하고 있다. 이러한 노력을 통해 미국은 글로벌 암호화폐 시장에서 주도적인 역할을 유지하려고 하며, 이는 궁극적으로 미국의 경제적 지배력을 지속적으로 확보하는 데 목적이 있다.

2024년, 도널드 트럼프 전 미국 대통령은 비트코인 등 다양한 암호화폐로 후원금을 받기로 하여 큰 화제를 모았다. 이는 암호화폐가 정치 자금으로서도 인정받고 있음을 보여주는 사례다. 지난해까지만 해도 비트코인을 사기라고 부정적으로 평가했던 트럼프는 최근 암호화폐를 지지하는 입장으로 전환했다. 그는 선거 캠프에서 비트코인, 이더리움, 도지코인 등 다양한 암호화폐 후원을 적극적으로 활용하고 있다. 샌프란시스코에서 열린 기금 모금 행사에서 트럼프는 "암호화폐 대통령"이 되겠다고 선언하며, 1,200만 달러(약 157억 원)의 상당한 후원금을 모금했다. 이것이 가능했던 것은 암호화폐를 뒷받침하는 블록체인 기술의 투명성과 효율성 덕분이었다. 이는 암호화폐의 실질적인 활용 사례로서 블록체인 기술의 확산력과 수용성을 보여준다.

유럽연합(EU)은 2023년에 '암호자산 시장 규제(MiCA)' 법안을 통해 암호화폐 발행과 서비스 제공자에 대한 명확한 규제 기준을 설정했다. 이 법안은 2024년부터 시행되며, 모든 암호화폐 서비스 제공자는 면허를 취득하고 자금세탁방지(AML) 규정을 준수해야 한다. MiCA 규제는 2024년 6월 30일부터 일부 규정이, 2024년 12월 30일부터 전체 규정이 적용된다. 2026년부터는 1,000유로 이상의 암호화폐 지갑 보유자에 대한 소유권 검증이 필요하다.

중국은 암호화폐 거래와 ICO(Initial Coin Offering)를 금지하여 시장 성장을 제한하고 있다. 2021년에는 암호화폐 채굴도 전면 금지되었으며, 이는 중국 내 암호화폐 활동을 크게 축소시켰다. 이러한 규제는 암호화폐가 금융 안정성을 해칠 수 있다는 우려에서 비롯되었다. 그러나 중국의 이러한 규제는 디지털 위안화(CBDC)를 활성화하여 글로벌 화폐의 지위를 획득하려는 전략에서 비롯되었다. 중국 정부는 디지털 위안화를 통해 금융 시스템을 더욱 통제하고 안정성을 높이려는 목표를 가지고 있다. 이는 근본적으로 민간 암호화폐가 중국의 경제와 금융 시스템에 대한 통제력을 약화시킬 수 있다는 위기감으로 인한 것이다.

일본은 2017년 비트코인을 공식 결제 수단으로 인정했다. 이는 2016년에 개정된 '지급 서비스법'과 '자금 결제법'에 따라 이루어졌으며, 이 법들은 암호화폐 거래소가 금융청(FSA)에 등록하고 규제를 준수하도록 요구하고 있다. 이를 통해 일본은 암호화폐 시장의 안정성과 소비자 보호를 강화하고 있다. 일본은 자금세탁방지(AML) 및 테러자금조달방지(CFT) 기준을 강화하며, 일본 가상화폐거래소협회(JVCEA)와 같은 자율규제기구가 이를 보완하고 있다. 모든 암호화폐 거래소는 JVCEA의 지침을 따르며, 이는 일본 법보다 엄격한 경우가 많다. 최근 일본 정부는 외국에서 발행된 스테이블코인의 거래소 상장을 허용하는 방안을 검토하고 있다. 이는 일본 내 암호화폐 시장의 다양성을 높이고 글로벌 암호화폐 시장과의 연계를 강화하기 위한 조치로 볼 수 있다.

한국은 2021년 '특정 금융거래정보의 보고 및 이용 등에 관한 법률(특금법)' 개정을 통해 암호화폐 거래소와 관련 사업자들이 금융정보분석원(FIU)에 등록하고, 자금세탁방지(AML)와 고객신원확인(KYC) 절차를 준수하도록 의무화했다. 이를 통해 한국은 암호화폐 거래의 투명성과 안전성을 높이고자 했다. 특금법 개정에 따라 암호화폐 거래소는 실명 계좌를 확보하고, 사용자 자산을 별도로 분리하여 보관해야 하며, 의심 거래는 FIU에 신고해야 한다. 2023년에는 가상자산 사용자 보호법이 통과되어, 거래 기록 보관과 투명성 요건이 강화되었다. 이 법에 따라 거래소는 모든 거래 기록을 일정 기간 동안 보관하고, 정기적으로 외부 감사와 보안 점검을 받아야 한다. 한국 정부는 투자자 보호와 불법 활동 방지를 목표로 지속적으로 규제를 강화하고 있다.

영국은 암호화폐를 합법적으로 인정하면서도 엄격한 규제를 적용하고 있다. 금융행위감독청(FCA)은 암호화폐 관련 사업자들이 등록을 하고, 자금세탁방지(AML) 및 테러자금조달방지(CFT) 규제를 준수하도록 요구하고 있다. 이는 암호화폐 거래의 투명성과 안전성을 보장하기 위한 조치다. 2021년 1월부터 FCA는 소비자 보호를 위해 암호화폐 파생상품 판매를 금지했다. 이는 개인 투자자들이 위험성이 높은 파생상품으로부터 보호받도록 하기 위한 것이다. 암호화폐 파생상품은 가격 변동성이 매우 커서 개인 투자자에게 큰 손실을 초래할 수 있다는 이유로 이러한 규제가 도입되었다. 또한, 영국 정부는 스테이블코인을 공식 결제 수단으로 인정하는 방안을 추진 중이다. 스테이블코인은 가치 변동성이 적어 기존 화폐와 유사하게 사용할 수 있어, 일상적인 거래에 적합한 특성을 지니고 있다.

캐나다는 암호화폐를 합법적으로 인정하고 있으며, 관련 규제를 시행하고 있다. 캐나다 세무청(CRA)은 암호화폐를 상품으로 간주하여, 거래소와 사용자가 자본 이득세를 납부하도록 하고 있다. 이는 암호화폐 거래가 발생할 때마다 그에 따른 세금 의무를 준수해야 함을 의미한다. 캐나다는 2021년에 세계 최초로 비트코인 ETF를 승인하여, 투자자들이 전통적인 금융 상품을 통해 암호화폐에 접근할 수 있도록 했다. 또한, 캐나다 금융당국은 암호화폐 거래소에 대해 등록과 규제 요건을 강화하여, 자금세탁방지(AML) 및 테러자금조달방지(CFT) 기준을 준수하도록 하고 있다. 캐나다의 이러한 정책들은 암호화폐 시장의 성장을 지원하면서도, 투자자 보호와 금융 시스템의 안정성을 유지하는 데 중점을 두고 있다.

▲ 국제 협력과 표준화의 필요성

암호화폐 시장의 글로벌 확산은 새로운 기회를 만들지만, 동시에 규제와 안전성 문제도 대두되고 있다. 암호화폐는 국경을 초월한 거래가 가능하여, 단일 국가의 규제로 이를 완전히 통제하기 어렵다. 한 국가에서 불법으로 간주되는 암호화폐 거래가 다른 국가에서는 합법적으로 다뤄질 수 있다. 이는 자금세탁, 테러 자금 조달 등 불법 활동의 위험성을 증가시킨다. 위에서 살펴보았듯 각국의 규제는 천차만별이기 때문에 국제적인 협력과 표준화된 규제 마련이 필요하다.

국제 금융 행동 태스크 포스(FATF)는 암호화폐 거래소와 지갑 서비스 제공자들에게 고객 신원 확인(KYC) 절차를 강화할 것을 권고하고 있다. 이는 국경을 넘는 거래의 투명성을 높이고 범죄자들의 악용 가능성을 줄이는 데 기여한다. FATF는 자금세탁방지(AML)와 테러자금조달방지(CFT) 기준을 강화하기 위해 국제적인 협력을 추진하고 있으며, 이는 암호화폐 시장의 투명성과 안전성을 높이는 데 중요한 역할을 한다.

국제통화기금(IMF)과 세계은행은 암호화폐가 금융 안정성에 미치는 영향을 평가하고, 각국의 규제 기관과 협력하여 적절한 규제 방안을 마련하기 위해 노력하고 있다. 2023년 2월에 발표한 IMF 보고서는 암호화폐에 대한 효과적인 정책 요소를 논의하고 회원국들에게 적절한 정책 대응을 위한 지침을 제공했다. 또한, IMF는 FATF와도 협력하여 AML/CFT 기준을 적용하도록 권장하고 있다.

⬆ 암호화폐 규제의 필요성과 최근 사례

암호화폐 규제의 필요성은 최근의 여러 사례에서 명확히 드러난다. FTX 거래소의 붕괴는 암호화폐 시장의 규제 필요성을 강조하는 대표적인 사례다. 2022년 FTX의 파산은 수십억 달러의 손실을 초래하며 암호화폐 거래소의 안정성 이슈를 부각시켰다. 이는 규제가 없는 상태에서의 암호화폐 거래가 얼마나 위험할 수 있는지를 보여준다. FTX는 유동성 부족과 자금 관리 문제로 인해 대규모 인출 사태를 겪었고, 결국 파산에 이르게 되었다. 이 사건으로 인해 투자자들은 약 80억 달러(약 10조 원)의 손실을 입었다.

암호화폐 시장의 성장과 함께 규제의 중요성은 더욱 커지고 있다. 글로벌 경제에서 암호화폐가 차지하는 비중이 커질수록, 이를 효과적으로 관리하고 규제하는 것이 반드시 필요하다. 블록체인과 같은 암호화폐 관련 기술은 계속 진화하고 있으며, 규제 기관은 이러한 기술을 충분히 이해하고 효과적으로 규제할 수 있는 능력을 개발해야 한다. 명확하고 일관된 규제는 시장을 장려하나, 과도한 규제는 시장을 억제하고 혁신을 저해할 수 있다.

03

CBDC와 암호화폐: 금융의 미래를 논하다

▲ CBDC와 암호화폐의 등장 배경과 목적

중앙은행 디지털 화폐(CBDC)와 암호화폐는 모두 금융 시스템을 혁신하기 위해 등장한 기술이다. CBDC는 중앙은행이 발행하고 관리하는 디지털 화폐로, 법정화폐와 동일한 가치를 지닌다. 이는 중앙은행이 통화 공급과 금리를 직접 조절할 수 있는 도구로, 금융 시스템의 안정성과 효율성을 높이기 위해 도입되었다. 예를 들어, 스웨덴의 디지털 크로나는 디지털 결제의 편리함을 제공하면서도 통화 정책의 유연성을 강화하고 있다. CBDC는 금융 거래의 효율성을 높이고, 금융 접근성을 확대하며, 자금 세탁 방지와 고객 신원 확인 절차를 강화하여 불법 금융 활동을 방지하고 거래의 투명성을 높인다.

CBDC는 스마트폰과 인터넷만 있으면 누구나 사용할 수 있어, 전통적인 금융 서비스에 접근하기 어려운 사람들에게도 새로운 기회를 제공한다. 특히 개발도상국에서는 CBDC가 금융 포괄성을 높이는 데 중요한 역할을 하고 있다. 예를 들어, 아르헨티나는 디지털 페소 도입을 통해 금융 접근성을 높이고, 경제를 안정화하려는 계획을 추진 중이다.

⬆ CBDC와 암호화폐의 차이점

그렇다면 CBDC와 암호화폐의 차이는 무엇일까? 먼저 CBDC는 중앙 은행이 발행하고 관리하며, 법정화폐와 동일한 가치를 지닌다. 이는 중앙 집중적인 통제하에 있으며, 정부의 통화 정책을 디지털 방식으로 구현한 다. 반면, 암호화폐는 탈중앙화된 특성을 가지고 있으며, 중앙 권한 없이 도 운영된다. 이는 사용자 간의 직접 거래가 가능하며, 블록체인 기술을 통해 거래의 투명성과 보안을 강화한다. 비트코인은 탈중앙화된 특성으로 인해 중앙은행이나 정부의 통제 없이 운영되며, 거래가 블록체인에 영구 적으로 기록된다.

또한 중앙은행은 CBDC를 통해 통화 공급을 조절하고, 금리 정책을 시 행할 수 있다. 이를 통해 경제 상황에 맞춘 통화 정책을 보다 효과적으로 시행할 수 있다. 경기 침체 시에는 통화를 공급하고 금리를 낮춰 경제를 활성화할 수 있고, 인플레이션이 심화될 경우에는 통화 공급을 줄이고 금 리를 높여 경제를 안정시킬 수 있다. 그러나 이러한 기능은 CBDC가 전통 적인 화폐보다 더 유연하고 효율적인 통화 정책 도구로서 역할을 할 수 있 음을 보여주는 동시에, 언제든 추가 발행이 가능하다는 점에서 총량이 일 정하다는 암호화폐의 고유한 강점에 비해 본질적인 한계를 지닌다. 이러 한 특성들 때문에 암호화폐는 종국에 CBDC를 대체한다.

▲ 주요 국가의 CBDC 도입 사례

중국은 디지털 위안화, 공식적으로는 디지털 인민폐(DCEP) 또는 e-CNY라고 불리는 중앙은행 디지털 화폐(CBDC)를 도입하여 결제 시스템을 현대화하고 있다. 디지털 위안화는 중앙은행이 발행하고 관리하는 디지털 화폐로, 기존 법정화폐와 동일한 가치를 지닌다.

디지털 위안화는 중국 정부의 강력한 지원을 받아 여러 도시에서 시범 운영 중이다. 현재 중국의 26개 도시에 걸쳐 수백만 명의 상인이 e-CNY를 사용하고 있으며, 이는 결제의 편리성과 신뢰성을 크게 향상시키고 있다. 2022년 베이징 동계 올림픽 기간 동안 방문객들은 디지털 위안화를 사용해 결제할 수 있어 국제적인 주목을 받았다.

중국 정부는 디지털 위안화를 통해 소매 결제, 대출, 송금 등 다양한 금융 서비스를 제공하고 있다. 특히, 디지털 위안화는 인터넷 연결이나 전원이 없어도 사용할 수 있는 기능을 갖추고 있어 디지털 소외계층도 금융 서비스에 쉽게 접근할 수 있도록 한다.

디지털 위안화는 자금 세탁 방지와 금융 범죄 예방에도 기여하고 있다. 디지털 위안화의 추적 가능성 덕분에 정부는 불법 금융 활동을 보다 효과적으로 감시하고 차단할 수 있다. 그러나 추적 가능성은 장점이 아니라 결국 단점이 된다. 개인의 프라이버시 침해와 정부의 과도한 감시로 이어질 수 있기 때문이다. 디지털 위안화의 모든 거래가 중앙집중형 시스템에서 관리되므로, 정부는 국민의 모든 금융 활동을 감시할 수 있게 된다. 이는 개인의 금융 프라이버시를 심각하게 훼손할 수 있다. 결국 사람들은 개인

정보 보호와 자유로운 거래를 보장하는 분산형 암호화폐로 눈을 돌릴 수밖에 없다. 이러한 흐름 속에서 디지털 위안화는 암호화폐의 완전한 도입을 가속화하는 데에 불쏘시개 역할을 다하고 사라질 것이다.

유럽연합(EU)과 미국 역시 CBDC 개발에 힘을 쏟고 있다. 유럽연합은 통화 정책의 디지털화를 목표로 디지털 유로 도입을 위한 연구를 진행하고 있으며, 유럽중앙은행(ECB)은 디지털 유로를 통해 유로존 내 결제 시스템의 효율성을 높이려 하고 있다. 디지털 유로는 중앙은행이 발행하고 관리하는 디지털 화폐로, 인터넷 연결이 없는 상황에서도 결제가 가능하다.

미국도 디지털 달러 도입을 위한 연구를 시작했으며, 이는 글로벌 금융 시장에서의 리더십을 유지하기 위한 노력의 일환이다. 디지털 달러는 중앙은행 디지털 화폐(CBDC)로, 미국 달러의 패권을 유지하고 디지털 시대에 걸맞는 금융 인프라를 구축하는 데 목적을 두고 있다. 디지털 달러 프로젝트는 5개의 파일럿 프로그램을 통해 잠재적인 사용을 테스트하고 있다. 그러나 이들 역시 디지털 위안화와 마찬가지로 중앙집중형이라는 점, 기술적 한계와 보안 문제를 극복하지 못한다는 점에서 암호화폐가 정착하기 위한 과정에 불과하다.

장기적으로 CBDC는 암호화폐의 도입과 발전을 촉진하는 임시적인 도구로 사용될 것이며, 궁극적으로는 암호화폐가 금융 시스템의 중심에 서게 될 것이다. 이는 금융 시장의 진화와 사용자들의 요구에 부응하는 자연스러운 흐름이다.

04

스테이블코인: 안정성과 혁신의 경계에서

♠ 스테이블코인의 정의와 중요성

스테이블코인은 암호화폐 시장에서 변동성을 완화하는 디지털 자산으로, 특정 자산에 연동되어 가격 변동성을 최소화하도록 설계되었다. 스테이블코인은 법정화폐, 상품, 기타 암호화폐를 담보로 사용하여 가치를 유지한다. 이러한 특성 덕분에 결제 수단으로서 스테이블코인은 안정적인 가격 덕에 일상적인 거래에 사용하기 용이하다. 국제 송금 수단으로서도 스테이블코인은 빠르고 저렴한 송금을 가능하게 한다. 또 암호화폐 투자자들에게 안정적인 자산 보존 수단이 되기도 한다.

그러나 스테이블코인은 암호화폐의 발전을 위한 일시적인 도구일 뿐이며, 궁극적으로 사라질 운명이다. 암호화폐가 미래 법정화폐로 자리 잡기 위한 과도기적 단계로서 그 중요성을 이해하는 것이 필요하다.

스테이블코인은 전통적 자산에 연동되어 있기 때문에 사용자가 암호화폐에 익숙해지도록 돕는다. 이는 암호화폐 시장의 초기 안정성을 확보하는 데 도움이 되지만, 궁극적으로 암호화폐 자체가 안정적인 가치를 가지게 되면 스테이블코인의 필요성은 점차 감소할 수밖에 없다. 따라서 스테이블코인은 현재 중요한 역할을 수행하고 있지만, 장기적으로는 암호화폐의 직접적인 사용이 증가하면서 사라질 것이다.

▲ 스테이블코인의 유형과 기능

스테이블코인은 담보 방식에 따라 여러 유형으로 분류된다. 첫 번째 유형은 법정화폐 담보형 스테이블코인으로, 미국 달러나 유로 등의 법정화폐를 담보로 발행된다. 테더(USDT)와 USD 코인(USDC)이 대표적이다. 이 유형은 법정화폐와 1:1 비율로 가치를 유지하여 안정적이다.

두 번째 유형은 암호화폐 담보형 스테이블코인으로, 이더리움 등의 다른 암호화폐를 담보로 한다. 메이커다오(MakerDAO)의 DAI가 그 예다. DAI는 암호화폐 이더리움(ETH)을 담보로 사용하여 발행되는 스테이블코인이다. 사용자는 이더리움을 담보로 맡기고 DAI를 발행할 수 있으며, 이더리움의 가격 변동에도 불구하고 DAI는 1달러에 가까운 가치를 유지하도록 설계되어 있다. 메이커다오의 스마트 계약 시스템은 담보 자산의 가치가 일정 수준 이하로 떨어질 경우 자동으로 청산하여 DAI의 가치를 안정적으로 유지한다. 이를 통해 DAI는 변동성이 큰 암호화폐 시장에서도 안정적인 가치를 제공한다. 최근 메이커다오(MakerDAO)는 DAI의 안정성을 강화하기 위해 여러 조치를 취하고 있는데, 미국 재무부 채권을

7억 달러어치 매입하여 DAI의 담보 자산을 강화했다. 또한, DAI의 유통량을 늘리고 위험을 관리하기 위해 다양한 제안을 논의하고 있다.

세 번째 유형은 알고리즘 기반 스테이블코인으로, 담보 없이 알고리즘을 통해 공급과 수요를 조절하여 가격을 안정시킨다. 대표적인 예로는 Ampleforth(AMPL), FRAX, Empty Set Dollar(ESD) 등이 있다. 그러나 알고리즘 기반 스테이블코인 중 하나인 테라USD(TerraUSD)는 2022년에 큰 폭락을 겪으며 붕괴되었다. 일명 테라(LUNA) 사태에서 약 400억 달러(약 50조 원)의 가치가 증발한 것이다. 이로 인해 UST(TerraUSD)와 LUNA의 설계 알고리즘의 취약성이 드러났고 결국 알고리즘 기반 스테이블코인도 안정적이지 않을 수 있음이 드러났다. 복잡한 알고리즘을 통해 가격을 유지하려고 하지만, 신뢰성과 안정성에 대한 우려가 여전히 크다. 특히 이 사건은 시스템 내의 막대한 자금을 운용하는 개인 또는 기관 투자자들, 일명 슈퍼개미들의 움직임이 전체 시장에 미치는 영향이 얼마나 큰가를 명확히 보여주었다.

▲ 스테이블코인의 시장 안정화 역할

스테이블코인은 암호화폐 시장의 극심한 변동성을 완화하는 데 도움을 준다. 암호화폐 시장은 가격 변동성이 크기 때문에 투자자들이 자산을 보호할 수 있는 안정적인 수단이 필요한데, 스테이블코인은 시장이 급격히 하락할 때 투자자들이 자산을 스테이블코인으로 전환하여 가치를 보존할 수 있게 한다. 실제로 2021년 5월 암호화폐 시장이 크게 하락했을 때 많은 투자자들이 자산을 비트코인이나 이더리움에서 스테이블코인으로 이동시켜 가치를 보존했다. 이는 스테이블코인이 달러와 같은 법정화폐를 기반으로 한 가치 보존 구조를 가지기 때문에 가능한 것이다. 그러나 한편으로 바로 그 이유 때문에 스테이블코인은 장기적인 투자 가치가 없으며, 암호화폐의 본질적인 장점을 보여주는 도구에 불과하다. 이는 스테이블코인이 법정화폐와 1:1로 연동되어 있어 가격 변동성이 거의 없기 때문이다. 이러한 특성 때문에 스테이블코인은 투자보다는 거래나 가치 보존의 수단으로 더 많이 사용된다.

⚓ 스테이블코인의 문제점

스테이블코인은 여러 문제점을 가지고 있다. 첫 번째 문제는 중앙화된 관리 시스템에 의한 불안정성이다. 법정화폐 담보형 스테이블코인은 중앙화된 기관이 담보를 관리하며, 이는 관리 주체의 신뢰성에 따라 좌우된다. 예를 들어 테더(USDT)는 발행사인 테더 리미티드가 미국 달러를 담보로 발행하며, 발행사의 신뢰성에 따라 안정성이 결정되는데 발행사가 담보 자산을 충분히 보유하지 않거나 투명하게 공개하지 않으면 신뢰도에 문제가 발생할 수 있다. 테더는 그동안 충분한 담보를 보유하지 않았다는 의혹을 받아왔으며, 2021년 미국 뉴욕 검찰은 테더와 관련된 불법적 활동을 조사했다. 이 사건은 스테이블코인의 가치가 중앙화된 관리 주체에 크게 의존하고 있음을 보여주며, 이로 인해 스테이블코인의 안정성에 대한 우려가 커지고 있다.

두 번째 문제는 법적, 규제적 도전 과제다. 각국의 규제가 다르기 때문에 글로벌 시장에서의 사용이 제한될 수 있다. 미국은 스테이블코인 발행과 운영에 대한 규제를 강화하고 있으며, 이는 스테이블코인의 사용을 제한한다. 일부 국가에서는 스테이블코인을 불법으로 간주하고 사용을 금지하기도 한다. 이러한 법적, 규제적 문제는 스테이블코인의 글로벌 확산을 저해하는 요인이다.

세 번째 문제는 기술적 문제다. 블록체인 기술의 한계로 인해 거래의 속도와 비용이 높아질 수 있다. 스테이블코인은 블록체인 네트워크를 통해 거래가 이루어지며, 이는 네트워크의 혼잡도에 따라 거래 속도와 비용이 달라질 수 있다. 이더리움 기반 스테이블코인은 네트워크 혼잡 시 거래 속도가 느려지고, 거래 수수료가 높아질 수 있다. 이는 스테이블코인의 활용성을 저해하는 요인이 될 수 있다.

▲ 스테이블코인의 발전 방향과 미래 전망

스테이블코인은 현재 암호화폐 시장의 변동성을 완화하고 안정성을 제공하는 중요한 역할을 하지만, 암호화폐가 발전함에 따라 그 필요성은 점차 사라질 것이다. 과거 금본위제가 경제 규모의 확대로 금 보유량이 화폐 발행량을 따라가지 못해 사라진 것처럼, 스테이블코인도 암호화폐 생태계가 성숙해지면 필요성이 줄어들 것이다. 스테이블코인은 법정화폐나 다른 자산에 연동되어 가격 변동성을 최소화하며 초기 암호화폐 생태계에서 신뢰를 구축하는 데 중요한 역할을 하고 있지만, 궁극적으로 암호화폐 자체가 안정성과 신뢰성을 확보하게 되면 스테이블코인의 역할을 대체하게 될 것이다.

스테이블코인은
현재 중요한 역할을 수행하고 있지만,
장기적으로는 암호화폐의
직접적인 사용이 증가하면서
사라질 것이다.

05

증권형 토큰(STO)은 전통 주식을 넘어선다

▲ STO의 정의와 특성

증권형 토큰 발행(STO, Security Token Offering)은 자산의 소유권을 나타내는 토큰을 발행하는 혁신적인 자본 조달 방식이다. 기업은 블록체인 기술을 활용해 이러한 토큰을 발행한다. 토큰은 주식, 채권, 기타 금융 상품을 대표하는 기존 증권과 유사하지만, 디지털 자산으로서의 특성 덕분에 거래가 더 빠르고 투명하며 비용 효율적이다. STO는 규제받는 시장에서 진행되므로 안정적이며, 전통적 증권 거래의 많은 중개 과정이 제거되므로 거래 시간을 단축하고 효율을 크게 향상시킨다.

블록체인과 스마트 계약 기술의 발전으로 STO에 대한 관심이 높아지면서, 전통적 금융 시장의 틀이 확장되고 있다. 독일의 기술 스타트업 그린라이트 카본 테크놀로지(Greenlyte Carbon Technologies)는 제품 개발을 위해 STO를 통해 자금을 조달하고 소액 투자자들에게도 스타트업의 성장에 참여할 기회를 제공했다. STO는 금융 시장에 새로운 가능성을 열어주고, 더 많은 투자와 자본 유동성을 가능하게 한다.

⚜ STO와 전통 주식의 차이점

STO와 전통 주식은 법적 지위, 규제, 시장 접근성, 유동성, 투자자 보호 측면에서 차이가 있다. 법적 규제 측면에서 STO는 각국의 증권법에 따라 규제받는다. 이러한 프레임워크는 전통 주식과 유사하지만, STO는 블록체인 기술을 통해 발행되고 거래되어 기존 방식과 차별화된다. 미국 증권거래위원회(SEC)는 특정 STO를 증권으로 분류하며 규제한다.

시장 접근성 면에서 국경이 없는 STO는 전통 주식보다 글로벌 투자자에게 더욱 매력적이다. 그러나 STO 시장은 아직 초기 단계로, 전통 주식 시장만큼의 유동성을 갖추지 못했다. 투자자 보호 면에서는 전통 주식 시장이 장기간에 걸쳐 구축한 강력한 법적, 제도적 투자자 보호 체계에 비해 STO 시장은 아직 발전해야 할 부분이 많다.

⚜ 다양성과 포용성의 증진

전통 주식 시장은 일반적으로 높은 진입 장벽을 가지고 있다. 큰 자본을 필요로 하는 IPO 과정은 중소기업이나 초기 단계 기업에게 큰 도전이 될 수 있다. 이에 비해 STO는 더 낮은 비용과 간소화된 규제 프로세스를 통해 다양한 규모의 기업들이 자금을 조달할 수 있는 기회다.

STO의 블록체인 기반 기술은 전통적 금융 시스템에서 접근이 제한됐던 소외 계층이나 지역에도 투자와 자본 조달의 기회를 제공함으로써 경제적 다양성을 증진할 수 있다. 개발도상국의 소기업이나 개인도 STO를 활용해 전 세계 투자자들로부터 자본을 유치할 수 있는 잠재력을 가지게 된다. 이는 좀 더 공정한 경제적 기회를 확대하는 데 기여한다.

▲ 새로운 시대의 자본 조달 방식

기술 발전에 따른 시장 변화는 이미 많은 산업에서 전통적 시스템을 혁신하고 있다. 금융 분야에서도 STO가 이와 같은 역할을 수행할 것이다. 이러한 변화는 전통 주식 시장을 점차 대체하면서 새로운 금융 시스템을 형성할 것이다.

STO는 전통 주식과 동일하게 기업의 소유권을 의미하지만, 블록체인 기술을 통해 더 빠르고 투명한 거래가 가능하다. 이는 금융 시장의 접근성을 높이고, 다양한 투자자들이 자본 조달 과정에 참여할 수 있게 한다. 시간이 지나면 전통 주식은 모두 STO로 전환될 것이다. 지금은 STO의 초입이라 둘을 구분하고 분류하지만, 결국은 하나의 시장으로 통합될 것이다. 둘 다 회사 소유권을 의미하기에 중복으로 둘 다 발행할 수는 없다. 즉 STO는 전통 주식의 자연스러운 진화 형태로 볼 수 있다.

암호화폐가 기축통화로 자리 잡으면, STO와 전통 주식의 통합 가능성은 더욱 높아진다. 암호화폐가 글로벌 경제의 중심 역할을 하게 되면, 글로벌 투자자들이 더 쉽게 접근할 수 있어 자본 조달이 용이해지고, 중개자 없이 직접 거래가 가능해지면서 거래 비용이 감소할 것이다. 이 과정에서 STO는 블록체인의 장점을 활용하여 더욱 열린 시장을 갖추게 될 것이다. 전통 주식은 STO로 전환되면서 블록체인 기술의 투명성과 효율성을 갖추게 된다. 이러한 통합은 기업과 투자자 모두에게 이익을 가져다 줄 것이며, 더 효율적이고 포용적인 금융 시장을 만들어 간다. 그러나 이러한 전환이 실제로 이루어지기 위해서는 법적, 규제적 장벽이 해결되어야 하며, 시장 참여자들의 수용이 필요하다.

06

암호화폐로 신흥부자가 된 사람들

⬆ 신흥부자의 탄생

암호화폐의 가치가 상승하면서 많은 신흥부자가 탄생하고 있다. 비트코인 초기 투자자들은 단기간에 큰 수익을 거두며 부를 축적했다. 2010년 비트코인이 처음 출시되었을 때 1비트코인의 가격은 0.003달러(약 3원)에 불과했지만, 현재는 수만 달러에 달하고 있다. 이와 같은 급격한 가치 상승은 많은 사람들에게 새로운 기회를 제공하고 있고 비트코인으로 백만장자가 된 사람들이 계속 등장하고 있다.

다빈치 제레미의 성공 이야기

11년 전, 소프트웨어 엔지니어로 일하던 다빈치 제레미는 블록체인 기술과 암호화폐의 잠재력을 알아보고 일찌감치 전 재산을 투자했다. 2011년 비트코인이 67센트(900원)에 불과할 때 그는 작은 금액이라도 투자하라고 조언했다. 당시 그의 주장은 많은 사람에게 비웃음을 샀지만, 그는 포기하지 않았다. 2013년 유튜브를 통해 "로또를 살 돈으로 비트코인을 사라. 1달러라도 괜찮다."라고 말하며 투자 권유를 계속했다. 그가 예언한 대로, 비트코인은 폭발적으로 성장했고, 제레미는 억만장자가 되었다. 제레미의 조언대로 1달러(약 1,200원)를 샀다면 현재 기준 1억 원이 되었다.

다빈치 제레미는 블록체인 기술과 암호화폐를 일찍 받아들여 비트코인의 잠재력을 빠르게 인식하고 과감하게 투자했다. 그는 초기의 불확실성과 변동성에도 불구하고 꾸준히 암호화폐 시장에 관심을 기울여 결국 엄청난 성공을 거두었다. 몇 년 만에 그의 자산은 수천억 원대로 불어났다.

현재 제레미는 개인 전용 제트기와 슈퍼카, 요트를 소유하며 '보스'처럼 살아가고 있다. 그의 성공은 단순한 운이 아니라, 새로운 기술의 잠재력을 알아보고 과감히 투자한 결과다. 그는 여전히 큰 기회가 남아 있다고 믿으며, 이번에는 놓치지 않기를 권장하고 있다. 그는 "전 세계의 부가 비트코인으로 이동한다면 잠재적 가치는 현재의 400배에 이를 것"이라고 말하며, 암호화폐 세상이 이제 시작에 불과하다고 강조한다.

이 사례는 현대 경제에서 혁신과 변화가 얼마나 중요한지를 보여준다. 특히, 블록체인 기술과 암호화폐 같은 신기술이 경제에 미치는 영향을 이해하고, 이에 맞춘 금융 전략을 세우는 것이 핵심임을 강조하고 있다. 그리고 2024년 3월, 비트코인의 가치가 급등하여 많은 초기 투자자들이 큰 수익을 거두었다. 제레미의 이야기가 주는 교훈은 명확하다. 중요한 것은 경제의 흐름을 읽고 새로운 기회를 포착하는 능력, 기술 변화에 대한 개방성과 적응력이다. 혁신을 두려워하지 않고 적극적으로 받아들이는 태도가 미래의 성공을 결정짓는 요소가 된다.

또 한 명의 초기 비트코인 투자자 에릭 핀만은 2011년, 12세의 나이에 비트코인에 1,000달러를 투자하여 약 100개의 비트코인을 구매했다. 수년간 가치가 상승하여 수백만 달러의 가치를 지니게 되었고, 18세에 백만장자가 된 후 다양한 사업을 시작했다.

핀만은 Metal Pay와 같은 여러 암호화폐 관련 스타트업에 투자하고 있으며, NASA와 협력하여 소형 위성을 개발하는 프로젝트도 진행 중이다. 또한, 그는 CoinBits라는 플랫폼을 통해 소액으로 비트코인에 투자할 수 있는 방법을 제공하는 사업을 시작했다. 이 플랫폼은 사용자의 잔돈을 자동으로 비트코인에 투자하여 암호화폐 시장에 쉽게 접근할 수 있도록 돕는다. 이러한 활동을 통해 핀만은 암호화폐를 통한 신흥부자의 대표적인 사례로 자리매김했다. 핀만의 성공은 그가 암호화폐 시장에서 일찍이 가능성을 인지하고 과감한 투자를 실행한 결과이며, 그의 다양한 사업 활동은 암호화폐와 기술 산업의 발전에 큰 기여를 하고 있다.

또 다른 예로, 2013년에 비트코인에 투자한 윙클보스 형제(Winklevoss Twins)를 들 수 있다. 캐머런 윙클보스(Cameron Winklevoss)와 타일러 윙클보스(Tyler Winklevoss)는 하버드 대학교에서 경제학을 전공하고 올림픽 조정 선수로도 활동한 다재다능한 인물들이다. 그들은 페이스북의 창립자인 마크 저커버그와의 법적 분쟁을 통해 얻은 약 6,500만 달러

(약 845억 원)의 합의금 중 일부인 1,100만 달러(약 143억 원)를 2013년에 비트코인에 투자했다.

당시 비트코인의 가격은 약 120달러(약 14만 원)였으며, 이들은 약 90,000개의 비트코인을 매입했다. 이 투자로 인해 현재 그들의 비트코인 자산 가치는 수십억 달러에 달한다. 비트코인 투자로 얻은 자산을 바탕으로 윙클보스 형제는 2014년에 암호화폐 거래소 제미니(Gemini)를 설립했다.

제미니는 높은 보안과 규제 준수를 강조하는 암호화폐 거래소로, 다양한 사용자층을 대상으로 하는 서비스 확장을 통해 신뢰할 수 있는 플랫폼으로 자리매김했다. 제미니는 거래소 서비스 외에도 커스터디 서비스, 트레이딩 도구, 기관용 솔루션 등을 제공하여 암호화폐 산업의 발전에 기여하고 있다. 윙클보스 형제는 제미니를 통해 암호화폐 거래의 안전성과 투명성을 높이는 데 큰 역할을 하고 있으며, 암호화폐 시장의 신뢰를 강화하는 데 기여하고 있다.

이처럼 윙클보스 형제는 암호화폐 투자를 통해 얻은 성공을 바탕으로 다양한 사업을 전개하며, 암호화폐 산업의 발전과 성장을 이끄는 중요한 인물로 활동하고 있다.

▲ 암호화폐의 미래 전망

암호화폐는 앞으로도 그 가치가 지속적으로 상승할 가능성이 높다. 이는 블록체인 기술의 발전과 함께 암호화폐의 활용 범위가 넓어지기 때문이다. 현재 암호화폐는 주로 투자 수단으로 사용되고 있지만, 향후에는 다양한 산업에서 실질적인 결제 수단으로 사용될 것이다. 최근 많은 글로벌 기업들이 비트코인 결제를 도입하고 있으며, 이는 암호화폐 시대로의 첫 걸음이다.

또한, 중앙은행 디지털 화폐(CBDC)의 개발과 도입은 암호화폐의 미래를 더욱 앞당길 것이다. 각국 정부는 중앙은행 디지털 화폐를 통해 디지털 경제를 활성화하고, 금융 시스템의 효율성을 높이기 위해 노력하고 있다. 이 과정에서 CBDC는 암호화폐와의 경쟁과 협력 관계를 형성해 디지털 화폐 시장의 발전을 가속화할 것이다.

블록체인 기술은 암호화폐를 통해 많은 신흥부자를 탄생시키고 있다. 암호화폐의 글로벌 확산과 가치 상승은 필연적이며, 곧 암호화폐는 새로운 경제 시스템의 기초가 될 것이다. 엘살바도르의 사례처럼 암호화폐가 법정화폐로 채택되는 일 역시 앞으로 지속적으로 늘어날 것이다. 이러한 변화 속에서 우리는 새로운 경제 질서를 목격하고 있다. 암호화폐의 미래는 아직도 많은 가능성으로 가득 차 있다. 더 늦기 전에 블록체인 부 혁명에 동참하여 새로운 경제 질서 속에서 부를 창출할 수 있는 기회를 잡기 바란다.

에필로그 ————————————————————————————

『블록체인이 미래를 바꾼다』 첫 책을 출간한 지 3년이 지나 부족한 필력으로 두 번째 책을 쓰고 나니 감회가 새롭다. 1부에서는 첫 번째 책에 담았던 나의 경험과 미래 전망에 대한 주장을 담았다. 당시 나는 비트코인이 반드시 법정화폐가 된다고 강하게 주장했는데, 책이 출간되고 4개월 후에 엘살바도르에서 현실이 되었을 때 감회가 남달랐다. 당시 비트코인이 100억 원 간다는 주장도 했다가 미친 사람 취급을 받았지만, 이제는 180억 원 간다는 주장도 나오기 시작했으니 허언만은 아니었음을 느끼며 용기를 얻어 2부를 쓰게 되었다. 2부에는 암호화폐 거래소, 스테이블코인, CBDC, STO의 미래를 전망하는 새로운 주장을 담았다.

지난해 여름부터 책을 쓰자고 마음먹었는데도 1년 동안 일상에 쫓기며 바쁘다는 핑계로 차일피일 미루다 이제야 마음먹고 책을 쓰려 했지만, 한 줄 한 줄 글을 쓴다는 것이 쉽지 않았다. 하지만 가족들의 도움이 있어 초고를 완성할 수 있었다. 책을 쓰는 것도 목표를 정하고 운동을 매일 하듯이 나를 코너로 몰고 채찍질하는 노력이 있어야 가능하다. 이번에 마무리

하지 못하면 더 이상 나아가지 못한다는 압박감으로 한 줄 한 줄 쓰다 보니 초고가 완성되었다. 아쉬운 점은 생각의 한계와 필력 부족으로 하고 싶은 말을 모두 시원스럽게 쏟아내지 못했다는 것이다. 하지만 일반인들이 암호화폐 시장에 접근하는 데에 조금이라도 도움이 될까 하여 이 책을 완성하게 되었다.

『블록체인 부 혁명』의 여정에 함께해 주신 독자 여러분께 감사드린다. 이 책이 여러분이 맞이할 다양한 기회와 도전 속에서 작은 나침반 역할이라도 할 수 있다면 필자로서 더없는 보람이겠다. 암호화폐는 단순한 투자나 투기 상품이 아니다. 암호화폐는 새로운 부를 창출하고 앞으로의 세계 금융 질서를 재편할 도구다. 이 기회를 잡아 부자가 되시길 바란다. 필자가 운영하는 유튜브를 방문하면 블록체인과 암호화폐에 대해서 더 많은 정보를 얻을 수 있을 것이다.

이 책이 나오기까지 도움을 주신 굿웰스북스 출판사 송영화 대표님, 임종익 본부장님과 탈고에서 편집까지 모든 과정을 꼼꼼히 체크해주신 이다경 편집장님께 진심으로 감사드린다. 묵묵히 응원해 준 아내와 초고 작성에 많은 도움을 준 딸과 아들에게도 고맙다는 마음을 전한다. 가족들의 응원과 격려가 있었기에 바쁜 일정에도 책을 완성할 수 있었다.